Katharina Eirich

Das ultimative Makramee Projektbuch für Kinder

20 bunte Projekte einfach selber knüpfen

CV

Inhalt

Vorwort

Von wem lerne ich am meisten im Leben? Hast du dir schon einmal diese Frage gestellt? Ich habe noch nie darüber nachgedacht, bis vor einigen Jahren die Antwort zuerst auf mich zukam. Ja genau, du hast richtig gelesen. Zuerst hatte ich die Antwort. Als plötzlich ein sehr großer Lehrmeister in mein Leben getreten ist. Er zeigte mir das Leben und die Welt von den schönsten und farbenfrohesten Seiten.

Ich lernte als erwachsene Frau, Blumen mit der Nase zu fühlen. Sie duften und kitzeln gleichzeitig. Wolken als Geschichtenerzähler zu sehen. Sogar mit bewegten Bildern. Über Steine habe ich gelernt zu stolpern. Mal falle ich sanft und mal auf den harten Boden. Die wichtigste Lektion dabei ist, aufzustehen, sich um sich kümmern und dann weiter gehen. Sogar dem Regen laufe ich nicht mehr davon. Ich halte ihm meine Hand und mein Gesicht hin. Spüre die kalten Tropfen auf meiner Haut. Wie eine erfrischende Dusche fühlt sich das an. Gleichzeitig bin ich in Gedanken bei meiner kuscheligen Decke und einem heißen Kakao.

Während ich die farbenfrohe Welt immer mehr kennenlernte, kam mein zweites Kind, meine Lehrmeisterin, zur Welt. Sie lehrte mich unter anderem, wie facettenreich und unterschiedlich wir Menschen sind. Wir alle sind auf unsere eigene Art und Weise einfach gut. Von Natur aus wissbegierig und bereit zu lernen.

Zu diesem Zeitpunkt trat eine Grundschullehrerin auf mich zu. Begeistert von meinen Makramee-Workshops und den hilfreichen Schablonen aus dem 3-D-Drucker wollte sie mit meiner Hilfe ihren Schülern die uralte Knotenkunst beibringen. Vier Monate, drei unterschiedliche Makrameeprojekte und über 40 begeisterte Schüler:innen später, entstand in mir der Wunsch, ein Buch mit den schönsten Makramee-Kinderprojekten herauszubringen.

Alle Projekte aus diesem Buch wurden über ein halbes Jahr von Kindern bespielt, erprobt und für wertvoll befunden. Sie entstanden aus genau ihrem magischen Blickwinkel auf das Leben.
Schnapp dir dieses Buch und etwas Garn und tauche auch in diese wundervolle und farbenfrohe Welt ein.

Ich warte auf dich.
Bis bald,

Katharina Eirich

Zubehör und Helferlein

1

2

3

4

1 Abroller
2 Bürste und Einfädler
3 Messlatte
4 Schere
5 Bezeichnungen der Helferlein

Garnabroller
Tierhaarbürste
Einfädler
Klemmhalter
stabile Schablonen
scharfe Schere
Garnabroller
Stecknadeln
Korkuntersetzer
5

Knotenkunde

Kreuzknoten

So wird's gemacht

1 Für diese Knotenart benötigst du vier Schnüre. Die beiden mittleren heißen Leitfäden. Die äußeren Schnüre sind Arbeitsfäden. Die Bezeichnungen sagen schon aus, mit welchen Schnüren gearbeitet wird und welche liegen bleiben.

2 Lege den rechten Arbeitsfaden über die Leitfäden und unter den linken Arbeitsfaden.

3 Führe den linken Arbeitsfaden unter den Leitfäden aus der rechten Schlaufe hindurch, sodass das Bild einer Brezel entsteht.

4 Ziehe nun gleichzeitig an den beiden Arbeitsfäden den ersten Knoten fest.

Tipp Am einfachsten klappt es, wenn eine weitere Person die Leitfäden beim Festziehen festhält.

5 Achte darauf, dass die Leitfäden sich dabei nicht verdrehen oder verrutschen.

6 Wiederhole diesen Knoten. Beginne dieses Mal mit dem linken Arbeitsfaden. Lege ihn über die Leitfäden und unter den rechten Arbeitsfaden.

7 Führe den rechten Arbeitsfaden unter den Leitfäden aus der linken Schlaufe hindurch, sodass wieder das Bild einer Brezel entsteht.

8 Ziehe die beiden Arbeitsfäden wie in Punkt 4 fest. Jetzt ist der erste Kreuzknoten fertig.

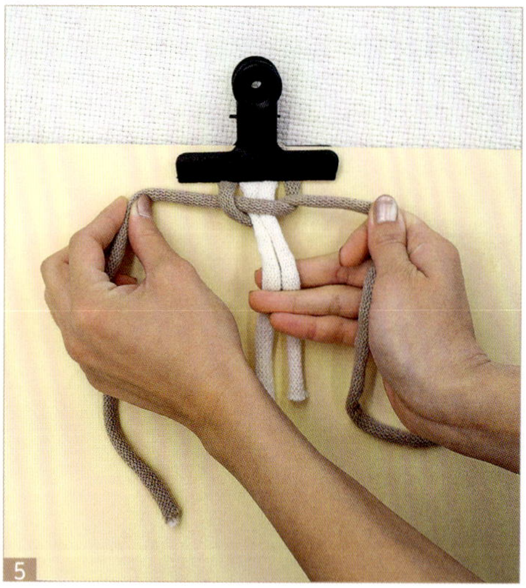
5

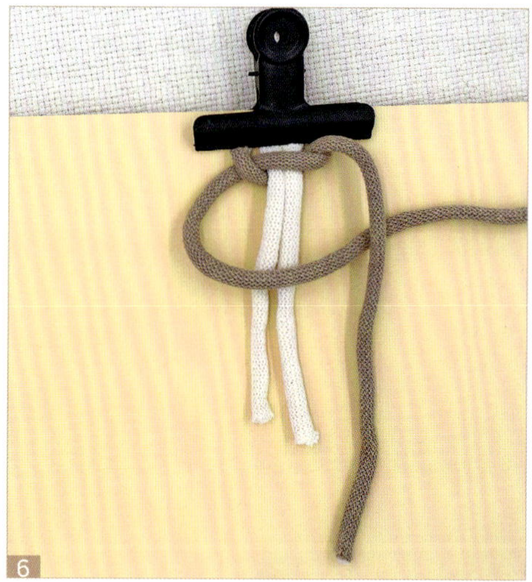
6

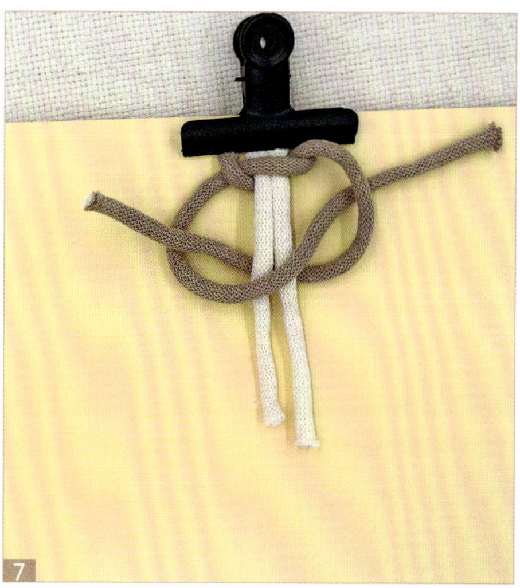
7

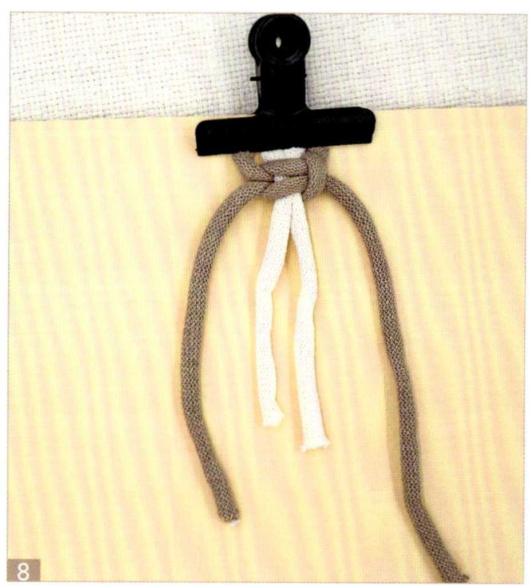
8

9 Knüpfe weitere Kreuzknoten und beginne wieder mit dem rechten Arbeitsfaden.

10 So entsteht das abgebildete Muster. Es zeigt drei Kreuzknoten untereinander.

9

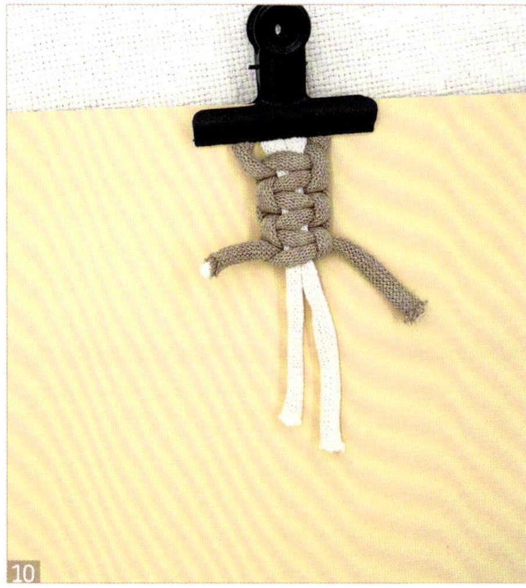

10

Halber Kreuzknoten

So wird's gemacht

1 Wie der Name es bereits verrät, steckt in diesem Knotenmuster der erste Teil des Kreuzknotens. Du benötigst wieder 4 Schnüre. Die dunklen, äußeren sind die Arbeitsfäden und die hellen, mittleren die Leitfäden.

2 Lege den rechten Arbeitsfaden über die Leitfäden und unter den linken Arbeitsfaden.

3 Führe den linken Arbeitsfaden unter den Leitfäden aus der rechten Schlaufe hindurch.

4 Ziehe an den Arbeitsfäden den Knoten fest.

5 Wiederhole diesen Knoten und beginne immer mit dem rechten Arbeitsfaden, sodass sich das Spiralmuster dreht.

6 Hier dreht sich das Spiralmuster von rechts nach links. Soll sich das Spiralmuster von links nach rechts drehen, beginne immer mit dem linken Arbeitsfaden.

5

6

Lerchenkopfknoten

So wird's gemacht

1 Zum Befestigen von Garn an Holzstöcken oder anderen Trägerelementen eignet sich der Lerchenkopfknoten hervorragend. Falte die Schnur mittig und lege sie über das Trägerelement. Die Schlaufe zeigt dabei nach oben.

2 Klappe die Schlaufe hinter das Trägerelement nach unten um.

3 Führe nun die beiden Schnurenden durch die Schlaufe hindurch.

4 Ziehe den Knoten fest.

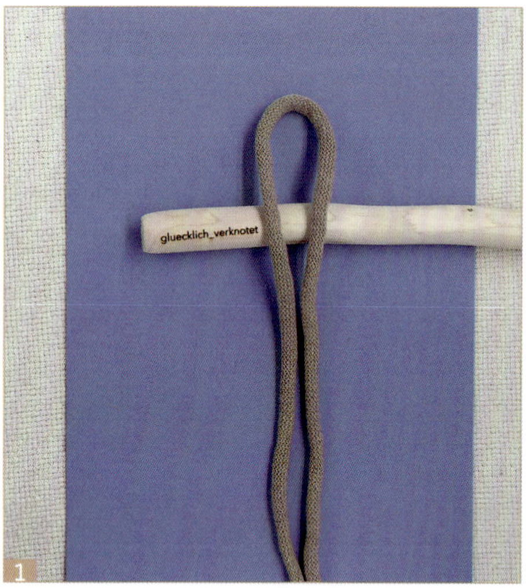

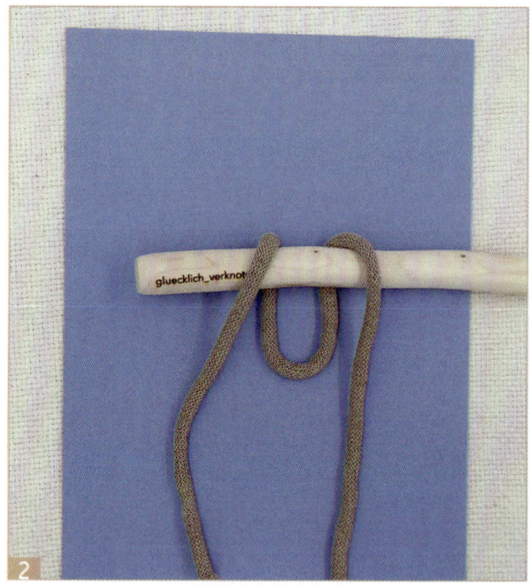

Umgekehrter Lerchenkopfknoten

So wird's gemacht

1 Falte die Schnur mittig und lege sie unter das Trägerelement. Die Schlaufe zeigt dabei nach oben.

2 Klappe die Schlaufe vor das Trägerelement nach unten um.

3 Führe nun die beiden Schnurenden durch die Schlaufe hindurch und ziehe den Knoten fest.

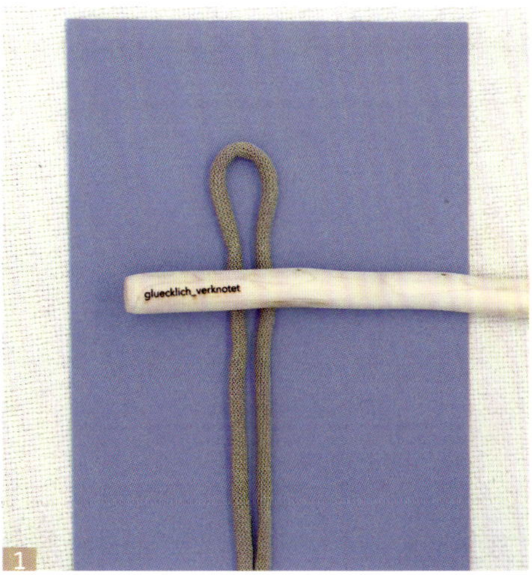

1

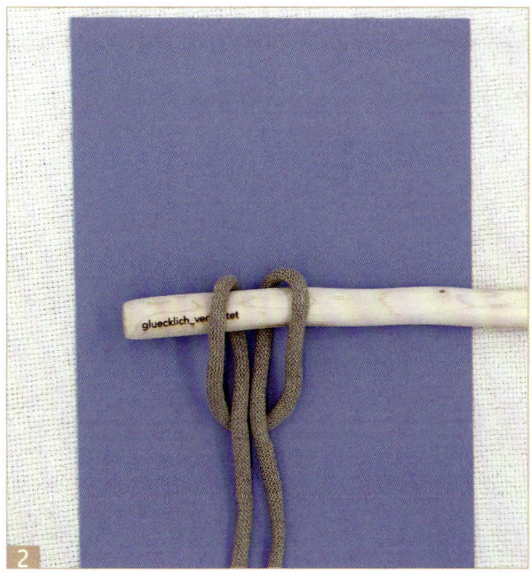

2

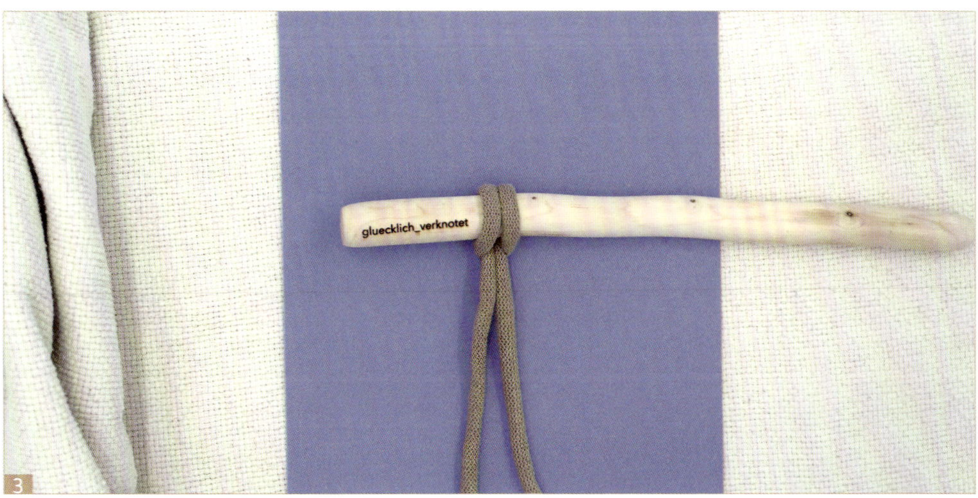

3

Erweiterter Lerchenkopfknoten

So wird's gemacht

1 Falte die Schnur so, dass die linke Seite ca. 10 cm lang ist und knüpfe einen Lerchenkopfknoten.

2 Führe mit der rechten langen Schnur den Knoten fort. Lege sie über das Trägerelement.

Tipp Für einen gleichmäßigen Abstand kannst du z. B. ein Stück Klebeband verwenden.

1

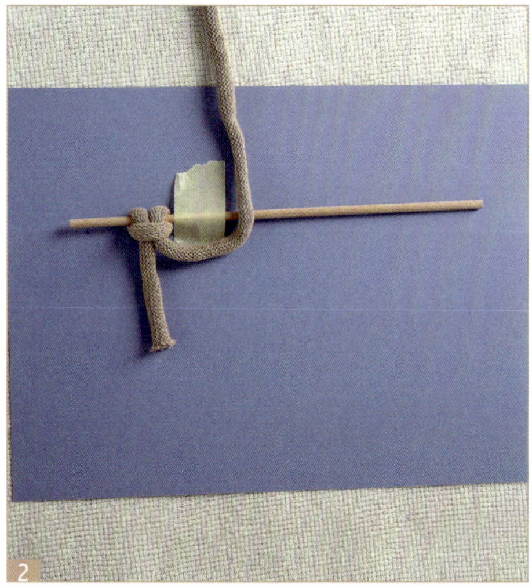

2

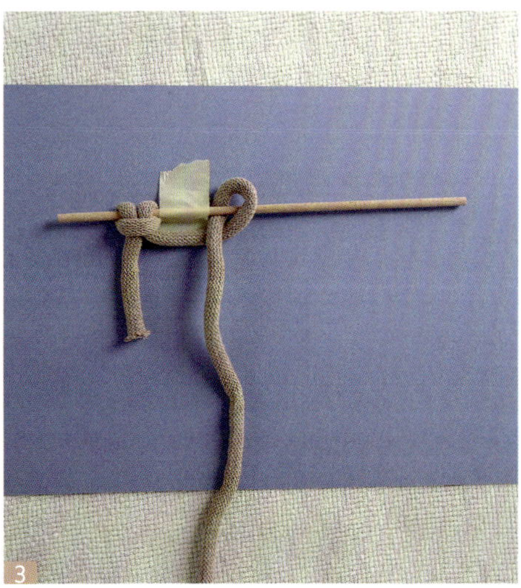

3

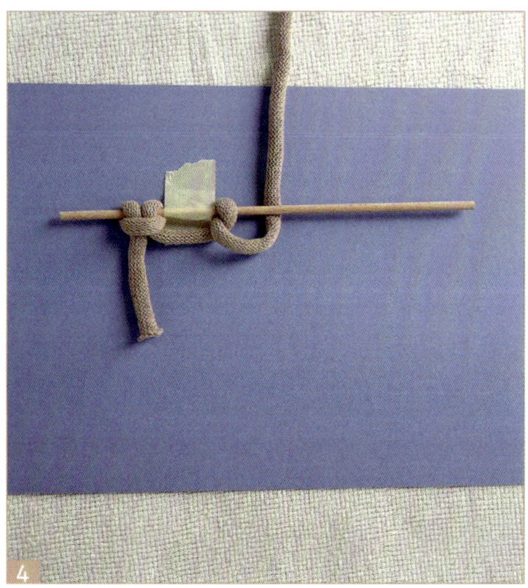

4

3 Klappe die Schnur hinter das Trägerelement um und komme auf der linken Seite der Schnur durch die Schlaufe wieder heraus.

4 Nun führe die Schnur rechts unter dem Trägerelement hindurch.

5 Klappe die Schnur vor das Trägerelement und führe sie links durch die Schlaufe hindurch.

6 Ziehe den Knoten fest.

7 So sehen die Knoten nebeneinander aus.

8 Du kannst sie auch zusammenschieben und es entsteht ein Schlaufenmuster unter dem Trägerelement.

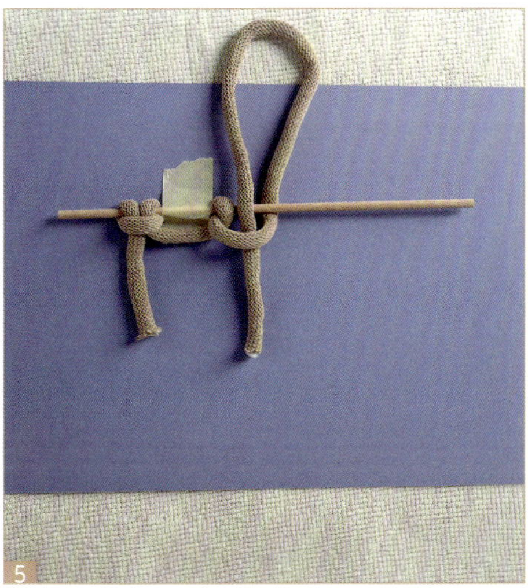

5

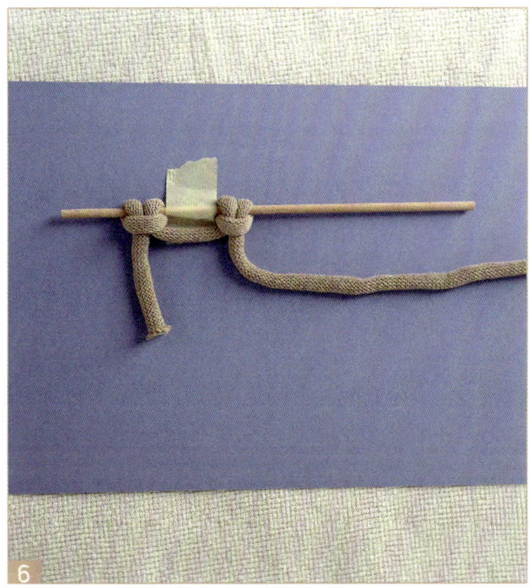

6

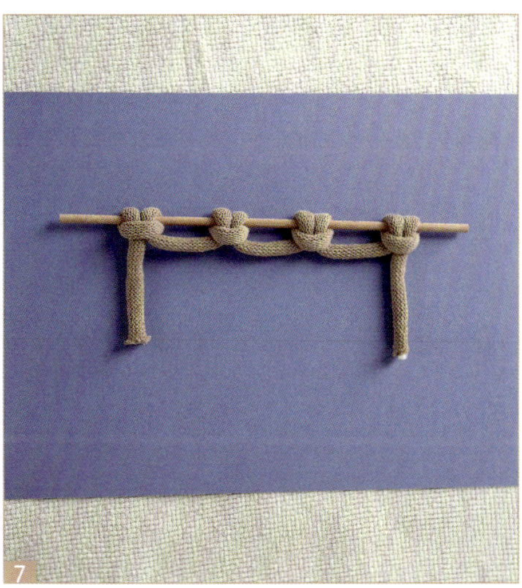

7

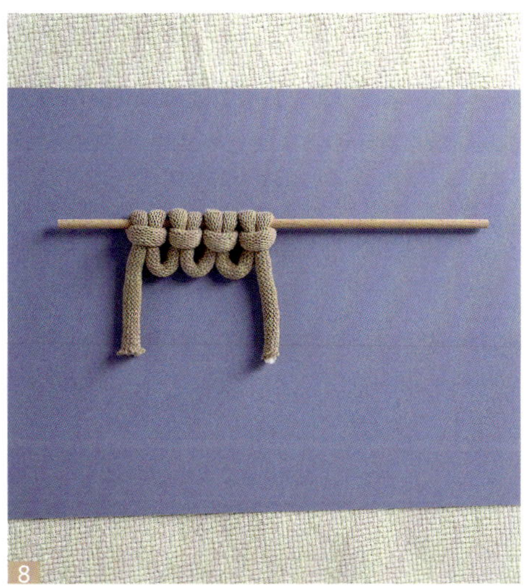

8

Chinesischer Kronenknoten: Spiralmuster

So wird's gemacht

1 Für diesen Knoten benötigst du zwei Schnüre, einen Korkuntersetzer und Stecknadeln.

2 Lege die zwei Schnüre an ihren Mittelpunkten über Kreuz auf einen Korkuntersetzer und fixiere sie mit einigen Stecknadeln.

3 Lege die obere helle Schnur nach rechts unten über die dunkle Schnur und lasse eine kleine Schlaufe frei.

4 Lege die dunkle rechte Schnur quer nach links über die zwei hellen Schnüre.

5 Die untere linke helle Schnur legst du nun nach oben über die beiden dunklen linken Schnüre.

1

2

3

4

6 Die obere linke dunkle Schnur legst du quer über die beiden hellen Schnüre und durch die erste Schlaufe der hellen Schnur hindurch.

7 Ziehe abwechselnd an den beiden hellen bzw. dunklen Schnüren den Knoten fest.

8 Wiederhole die Schritte 3 bis 7 bis zur gewünschten Länge. Versetze vor dem Festziehen der Schnüre die Stecknadeln von der Mitte zu den Seiten, sodass sie beim Knoten nicht im Weg sind.

9 Beim Knoten entsteht so ein Spiralmuster.

5

6

7

8

9

Chinesischer Kronenknoten

1

2

3

4

So wird's gemacht

1 Lege zwei Schnüre an ihren Mittelpunkten über Kreuz auf einen Korkuntersetzer und fixiere sie mit Stecknadeln.

2 Beginne mit der oberen hellen Schnur und lege sie nach rechts unten über die rechte dunkle Schnur.

3 Fahre mit den restlichen Schnüren wie beim Spiralmuster (Schritt 4 bis 7) fort. Der erste Knoten ist dann festgezogen.

4 Lege beim zweiten Knoten die obere helle Schnur nun nach links unten über die dunkle linke Schnur.

5 Lege die restlichen Schnüre nach dem gleichen Prinzip wie beim Spiralmuster nur dieses mal in die rechte Richtung und ziehe den Knoten fest.

6 Fahre mit den Schritten 1 bis 5 fort. Beginne abwechselnd, die erste Schnur nach rechts unten bzw. links unten zu legen.

7 So entsteht ein gerades Muster.

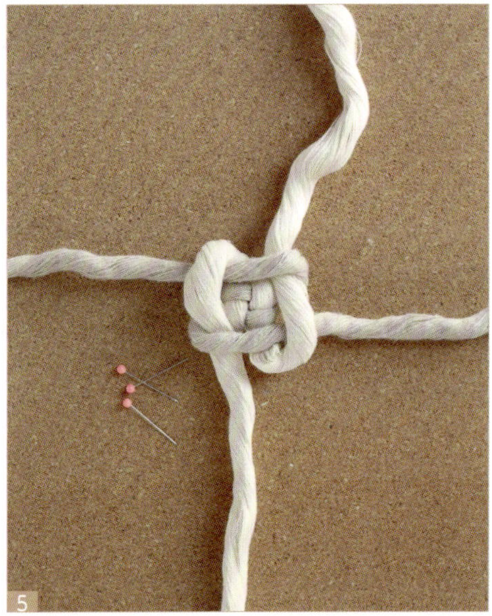

5

6

7

Riffknoten

So wird's gemacht

1 Für den Riffknoten benötigst du mindestens einen Leitfaden, um die Arbeitsfäden drumherum zu knoten.

Tipp Hier kann auch ein Holzspieß als Leitfaden dienen.

2 Lege den ersten dunklen Arbeitsfaden mittig gefaltet quer unter den hellen Leitfaden.

3 Falte den zweiten Arbeitsfaden ebenfalls in der Mitte und lege ihn auf den hellen Leitfaden mit der Schlaufe in die

entgegengesetzte Richtung zum unteren Arbeitsfaden. Führe nun die jeweiligen Enden der Arbeitsfäden durch die Schlaufe hindurch.

4 Ziehe an den Enden der Arbeitsfäden den Knoten fest.

Tipp Der Knoten gelingt besonders fest, wenn du diagonal an den Enden der Schnüre abwechselnd ziehst.

5 Ein umgekehrtes Muster entsteht, wenn du zuerst den Arbeitsfaden mit der Schlaufe nach links zeigend quer unter den hellen Leitfaden legst. Fahre dann wie in Schritt 3 und 4 weiter fort. (Siehe Bild 5a.)

6 Hier siehst du die beiden unterschiedlichen Riffknoten-Muster.

4

5

5a

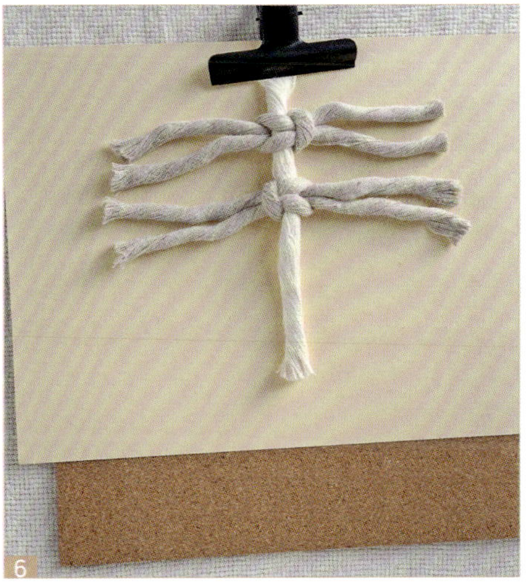

6

Wickelknoten

So wird's gemacht

1 Der Wickelknoten wird meist zum Zusammenbinden mehrerer Schnüre verwendet. Die helle Schnur ist der Arbeitsfaden und die zu umwickelnden bunten Schnüre sind Leitfäden. Lege den Arbeitsfaden zu einer Schlaufe gefaltet auf die Leitfäden.

Achtung! Wickel nur so weit, dass die untere Schlaufe noch gut zu sehen ist.

2 Wickel nun mit dem längeren rechten Arbeitsfaden links herum in mehreren Runden alle Leitfäden zusammen. Halte dabei mit der anderen Hand die Schlaufe fest.

3 Führe am Ende der letzten Runde das untere Ende des Arbeitsfadens durch die Schlaufe von oben nach unten hindurch.

4 Ziehe zuerst am oberen Ende des Arbeitsfadens die Schlaufe fest, bis der Knoten unter den umwickelten Schnüren verschwindet.

5 Ziehe dann an beiden Schnurenden den Knoten fest und schneide die überstehenden Schnüre ab.

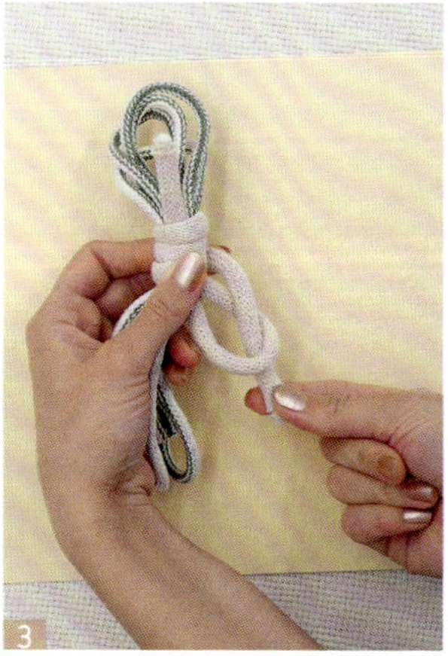

Doppelknoten

So wird's gemacht

1 Überkreuze die Schnurenden.

2 Führe das Schnurende, das unter der Schlaufe liegt, von oben durch die Schlaufe hindurch und ziehe an den Enden den Knoten fest.

3 Wiederhole die Schritte 1 und 2 ein weiteres Mal.

4 Achte beim Zuziehen des zweiten Knotens darauf, dass die Knoten übereinander liegen.

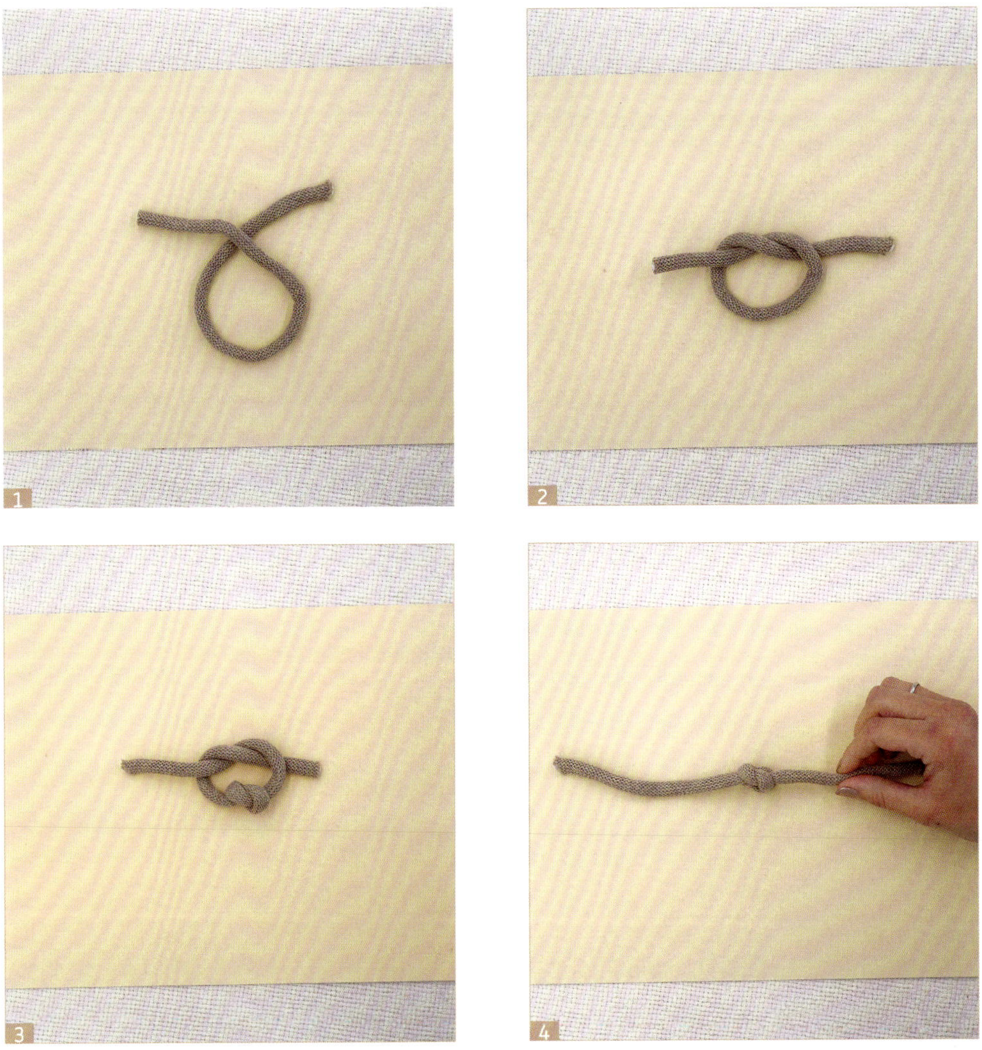

Fisch

Werkzeug / Materialien

1 Du benötigst: gedrehtes oder gezwirntes Garn. Du kannst Garn in der Stärke von 1 mm bis 5 mm verwenden. Zudem brauchst du ein Klebeband, einen Kamm oder eine Tierhaarbürste, etwas Backpapier, einen Textilverstärker (z.B. erhältlich bei www.rayher.com), einen Pinsel, eine Fisch-Schablone (siehe Seite 125), einen Filzstift, eine Schere und einen Saugnapf.

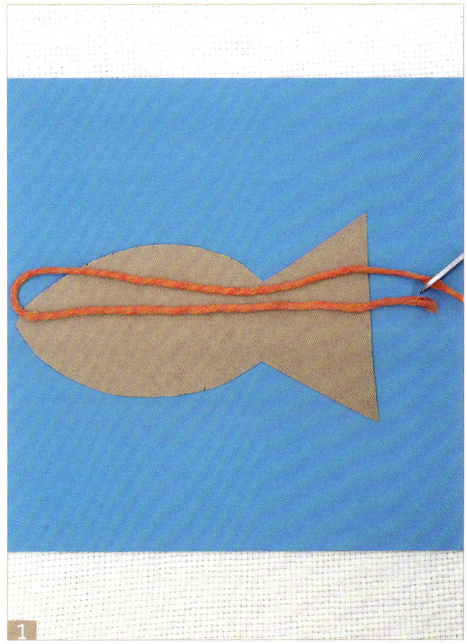
1

So wird's gemacht

2 Messe zuerst eine lange Schnur, den Leitfaden, anhand der Schablone ab. Dabei faltest du die Schnur und legst sie mit der Schlaufe am Maul des Fisches an. Am Schwanzende sollen die beiden Schnüre ca. 3 cm über die Schablone hinaus überstehen. Schneide dann die Schnur ab.

3 Messe nun viele Schnüre, die Arbeitsfäden, ab. Sie sollen von der einen Spitze der Schwanzflosse bis zur anderen reichen und an jeder Seite noch ca. 3 – 4 cm überstehen. Die Anzahl der Schnüre hängt von deiner Garnstärke ab. Ist deine Schnur zum Beispiel 3 mm dick, benötigst du ca. 31 Schnüre.

4 Befestige einen Arbeitsfaden mit etwas Klebeband an den Enden auf einer festen Unterlage. Knote dann den Leitfaden mit dem Lerchenkopfknoten mittig an den Arbeitsfaden.

5 Bringe alle Arbeitsfäden mit dem Riffknoten am Leitfaden an. Der letzte Knoten sollte ca. 4 cm vor dem Ende des Leitfadens befestigt werden.

6 Kämme alle Schnüre mit einem Kamm oder einer Tierhaarbürste aus.

2

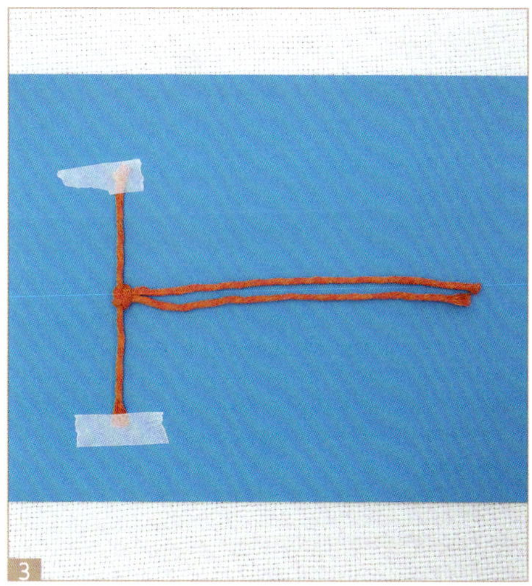
3

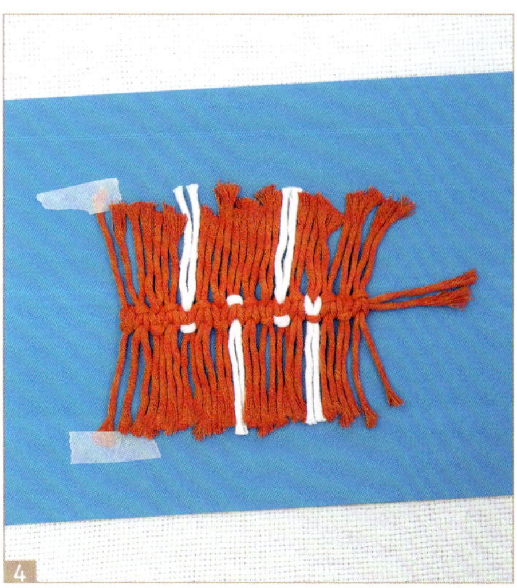
4

5

7 Lege das ausgekämmte Makramee auf das Backpapier, bürste es noch einmal schön in Form und bestreiche es mit dem Pinsel mit einer dünnen Schicht Textilverstärker. Lasse es nun 5 bis 8 Stunden trocknen.

8 Lege die Fisch-Schablone auf das getrocknete Makramee, und zwar mit dem Maul zum Knotenanfang, und zeichne mit dem Filzstift die Kontur nach.

9 Schneide den Fisch mit der Schere aus und bestreiche ihn auf der Rückseite mit etwas Textilverstärker, damit alle Schnüre ihre Form behalten.

10 Klemme einen Saugnapf an einem Riffknoten fest. So kannst du den Fisch an glatten Oberflächen wie z.B. einem Spiegel anbringen.

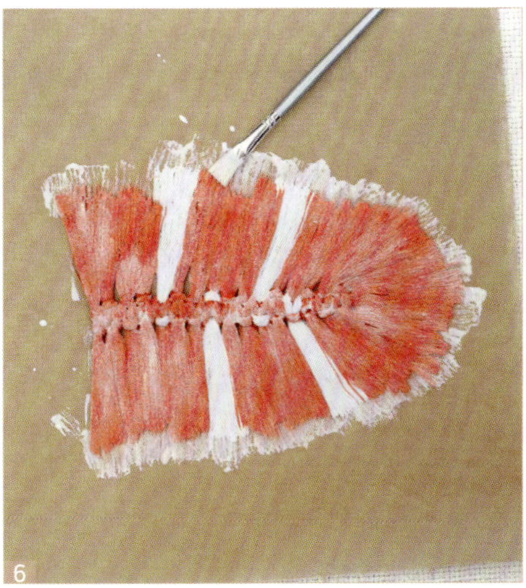
6

7

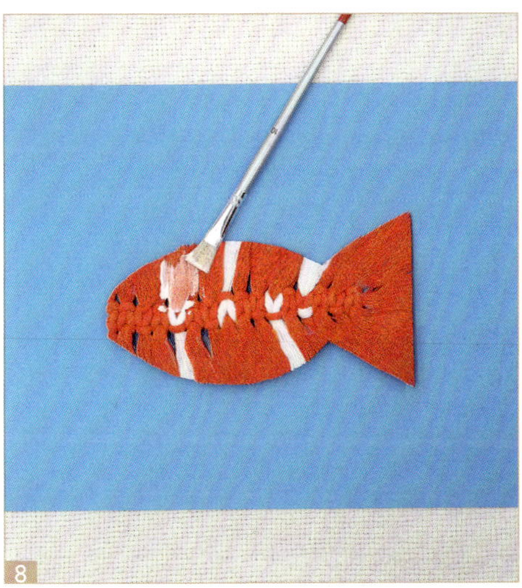
8

9

Decke

Werkzeug / Materialien

1 Das Garn, das du für dieses Projekt verwendest, kann sowohl gezwirnt als auch geflochten sein. In dieser Anleitung wird gezwirntes Garn verwendet. Die unterschiedlich langen Schnüre wählst du in unterschiedlichen Farben aus.

Im Einzelnen brauchst du:

32 Schnüre aus Garn in einer Stärke von 5 mm, jeweils 300 cm lang,
15 Schnüre Garn in einer Stärke von 2–3 mm, jeweils 100 cm lang,
15 Schnüre Garn in einer Stärke von 2–3 mm, jeweils 22 cm lang,
und zudem eine Korkmatte, eine Schere, Pinnnadeln, eventuell eine Heißklebepistole und einen Einfädler.

So wird's gemacht

2 Falte zwei Schnüre in der Stärke von 5 mm jeweils in der Mitte. Befestige eine Schnur mit dem Lerchenkopfknoten an dem Schlaufenende der zweiten Schnur.

3 Ziehe den Knoten fest. Wiederhole Schritt 2 mit den restlichen 30 Schnüren.

4 Befestige alle entstandenen Stränge dicht nebeneinander, mit den Schnüren nach unten hängend, an einer Korkmatte. Nimm dazu Pinnnadeln zur Hilfe.

5 Verbinde nun die einzelnen Stränge mit dem Kreuzknoten. Beginne links mit der dritten Schnur als Arbeitsfaden. Die Schnüre vier und fünf sind die Leitfäden und die sechste Schnur ist wieder ein Arbeitsfaden.

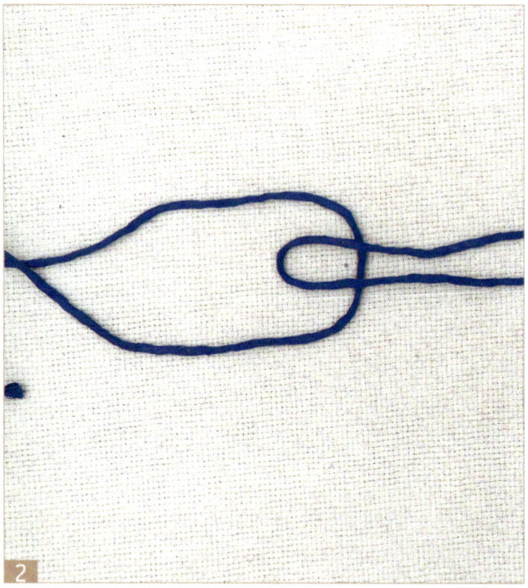

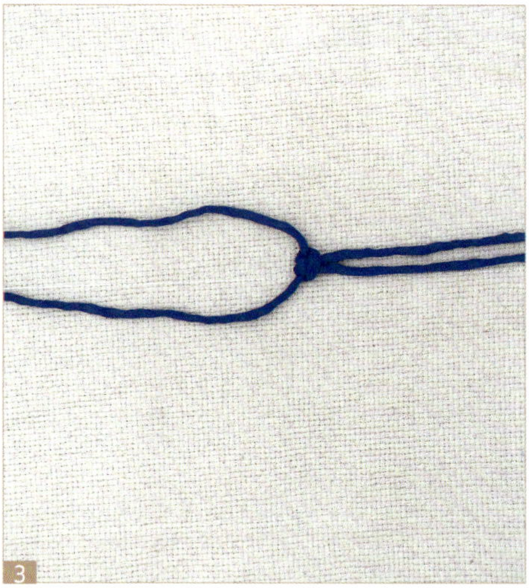

6 Nun hält der entstandene Kreuzknoten die ersten beiden Stränge zusammen. Fahre mit den restlichen Schnüren so fort.

7 Die erste Reihe der Kreuzknoten hält nun alle Stränge zusammen. Knote drei weitere Reihen auf dieselbe Art. Beginne dabei immer versetzt mit dem Kreuzknoten. Das heißt, die Arbeitsfäden aus der oberen Reihe werden zu Leitfäden und die Leitfäden zu Arbeitsfäden.

8 Füge in der vierten Reihe eine weitere Farbe hinzu. Jetzt verwendest du die 15 Schnüre, die 100 cm lang sind. Falte eine Schnur in der Mitte und befestige sie mit einem Kreuzknoten an den dritten bis sechsten blauen Schnüren von rechts aus gesehen. Ziehe den fertigen Kreuzknoten nach oben, sodass er direkt an der oberen Reihe anschließt. Wiederhole diesen Schritt mit den restlichen 14 Schnüren.

9 Übrig bleiben außen jeweils zwei blaue Schnüre. Binde diese ebenfalls mit den hellen Schnüren mit einem Kreuzknoten zusammen.

6

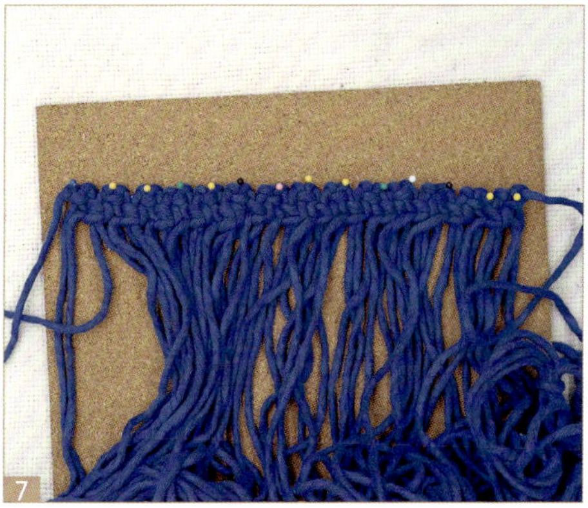
7

8

9

10 Beginne in der nächsten Reihe wieder mit dem blauen Garn, um mit den ersten vier Schnüren einen Kreuzknoten zu machen. Fahre mit den restlichen Schnüren so fort: lege die gelben Schnüre hinter die blauen, damit sie nicht stören.

11 Knüpfe fünf weitere blaue Reihen. Wie in Schritt 7 beschrieben.

12 Nun folgt wieder das helle Garn. Führe auf der Rückseite die Schnüre des hellen Garns durch die unteren drei blauen Kreuzknoten hindurch. Am einfachsten gelingt dir das mit einem Einfädler.

13 Nun kannst du auf der Vorderseite mit dem Farbwechsel wie unter Punkt 8 fortfahren.

14 Sollte das Garn der 100 cm langen Schnüre mittendrin zu kurz werden, dann befestige auf der Rückseite eine weitere Schnur mit einem normalen doppelten Knoten als Verlängerung daran.

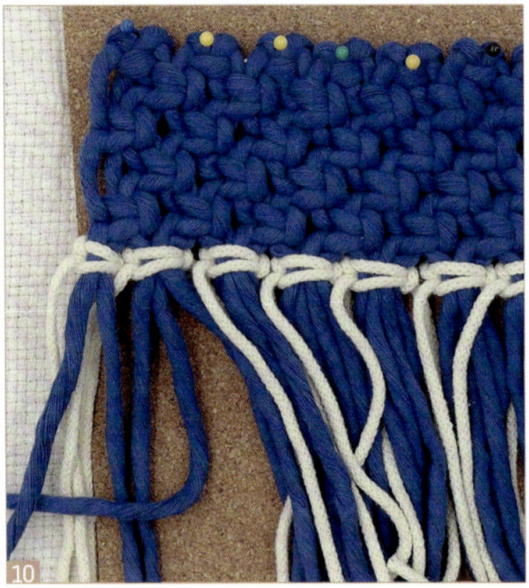

10

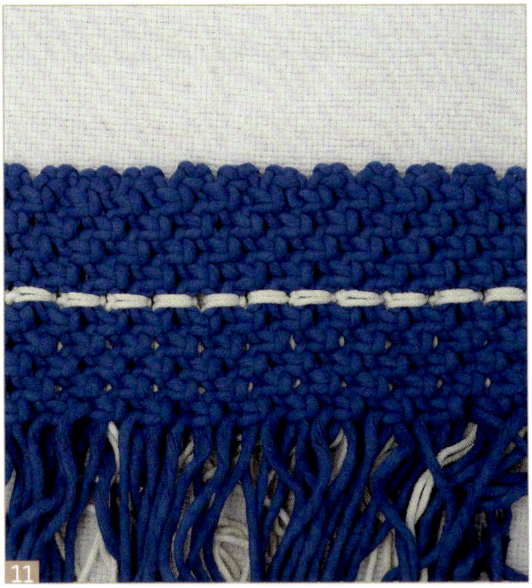

11

12

13

15 Wiederhole den Farbwechsel zwei weitere Male, sodass du am Ende fünf blau geknotete Flächen und vier helle Linienmuster hast.

16 Verschließe am Ende das helle Garn auf der Rückseite mit einem normalen doppelten Knoten und schneide das überstehende Garn ab.

17 Befestige die äußeren gelben Schnüre am dazugehörigen Kreuzknoten. Führe dafür das Ende der Schnur unter den Kreuzknoten hindurch und wieder in die Schlaufe hinein. Ziehe den Knoten fest und schneide das überstehende Garn ab.

14

15

16

17

18 Schnüre, die zu kurz zum Knoten sind, können auch mit Heißkleber fixiert werden. Verwende für den Abschluss der blauen Schnüre den Wickelknoten (siehe Seite 22). Dafür benötigst du die 15 Schnüre à 22 cm. Hier kannst du das Garn in unterschiedlichen Farben ganz nach deinem Geschmack verwenden.

19 Binde immer vier blaue Schnüre in einen Wickelknoten und schneide das überstehende Garn knapp ab.

20 Schneide die blauen Schnüre anschließend alle auf eine Länge zu.

21 So sieht das fertige Projekt aus und lässt bei der Verwendung der Fantasie keine Grenzen. Es kann als Decke, Wandbild oder Parkplatz für Spielzeugautos genutzt werden.

18

19

20

21

Uhr

Werkzeug / Materialien

1 Für dieses Projekt benötigst du eine Blattschablone, sechs Schaschlikspieße, Garn in Farbe und Stärke deiner Wahl, einen Kamm oder eine Tierhaarbürste, etwas Backpapier, Textilverstärker, eine Schere, etwas stabiles Tonpapier, etwas stabilen Pappkarton, Bastelkleber, eine Heißklebepistole, einen Korkuntersetzer, Stecknadeln, ein Uhrwerk mit Zeigern und Haarlack.

So wird's gemacht

2 Beginne mit den sechs Blättern. Dazu benötigst du die Blattschablone. Schneide eine 35 cm lange Schnur und falte sie in der Mitte. Befestige ca. 12 cm der gefalteten Schnur mit Heißkleber am Spieß. Die Schlaufe zeigt zur Spitze des Spießes.

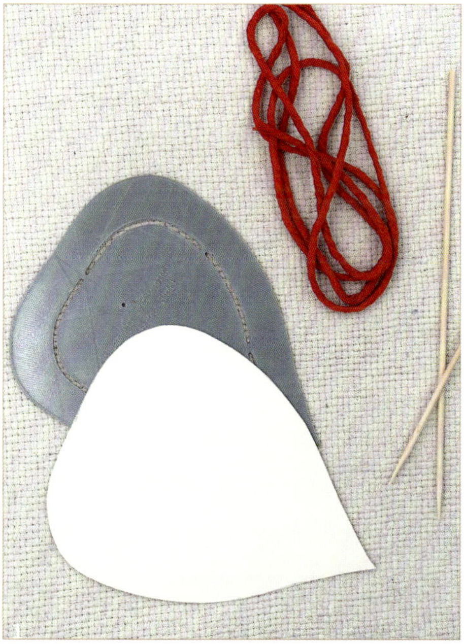

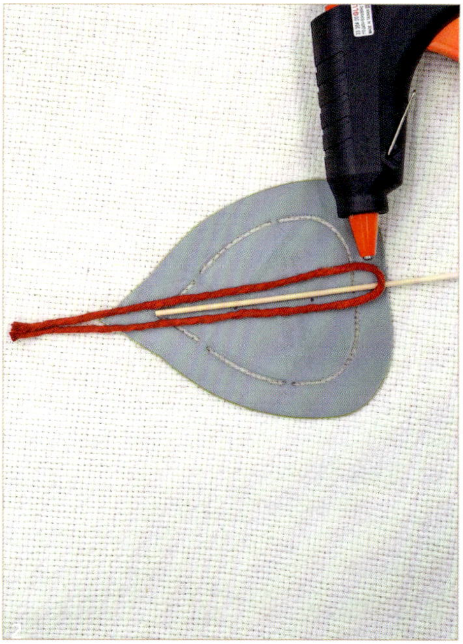

3 Schneide nun 16 cm lange Schnüre zurecht. Die Anzahl der Schnüre hängt von der Garnstärke ab. Je dicker das Garn, desto weniger Schnüre werden benötigt. Bei 3 mm dickem Garn brauchst du z. B. 26 Schnüre. Befestige sie mit dem Riffknoten am vorbereiteten Holzspieß. Beginne an der Schlaufe der angeklebten Schnur und befestige den letzten Riffknoten am Ende des Spießes.

4 Kämme alle Schnüre mit einem Kamm oder einer Tierhaarbürste aus.

5 Verwende beim Auskämmen eine robuste Unterlage und gehe mit der Bürste so oft durch das Garn, bis es sich nicht mehr eindreht.

6 Lege nun das ausgekämmte Garn auf Backpapier und bestreiche es komplett mit Textilverstärker. Beginne an den äußeren Rändern. So haftet das Garn gut am Backpapier und es verrutscht nichts.

3

4

5

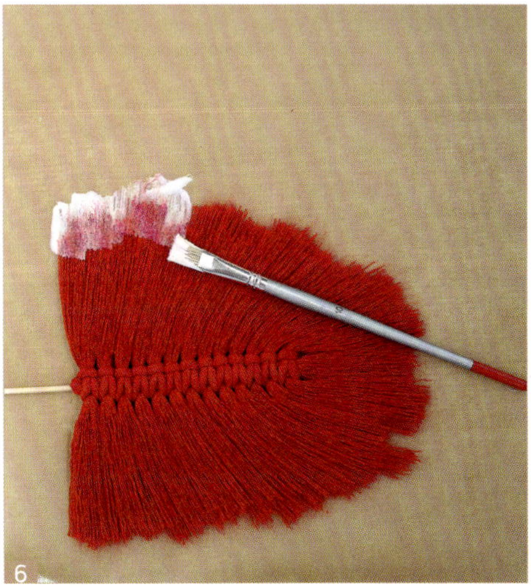
6

7 Wenn das Garn fertig bestrichen ist, muss es 6–8 Stunden trocknen. Achtung! Lass es nicht viel länger trocknen, sonst wird es so hart, dass ein Zuschneiden kaum möglich ist.

8 Löse das Garn vorsichtig vom Backpapier und zeichne mithilfe der Schablone die Blattform auf dem Garn nach. Schneide sie danach mit der Schere aus.

9 Wiederhole die Schritte 2 bis 8 für die weiteren fünf Blätter, sodass du am Ende sechs gleichgroße Blätter hast. Du kannst die Blätter von beiden Seiten nutzen. Die nicht bestrichene Seite wirkt flauschiger.

10 Fertige nun den mittleren Teil der Uhr an. Zeichne dafür auf ein stabiles Tonpapier einen Kreis mit 16 cm Durchmesser und schneide ihn aus. Wähle das Tonpapier in ungefähr der gleichen Farbe wie dein Garn, das für diesen Teil verwendet werden soll.

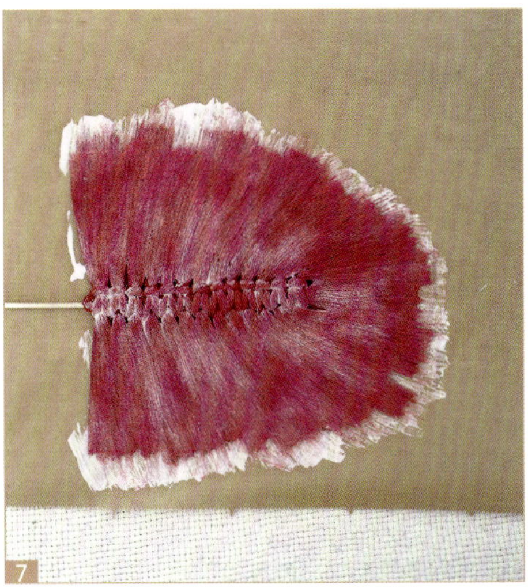
7

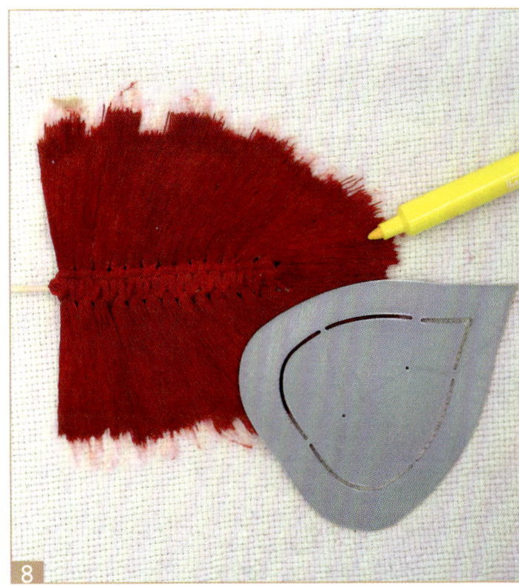
8

9

10

11 Du brauchst einen weiteren Kreis mit demselben Durchmesser aus stabilem Pappkarton. Steche jeweils in der Mitte der Kreise ein Löchlein in der Größe der Halterung des Uhrwerks aus.

12 Klebe auf dem Kreis aus Tonpapier das Garn mit Bastelkleber fest. Beginne in der Mitte am Löchlein und fülle den Kreis schneckenförmig aus. Lass etwa einen halben Zentimeter Rand frei. Beschwere alles zum Trocknen mit einem schweren Gegenstand, damit sich das Papier nicht wölbt.

13 Ordne nun die fertigen sechs Blätter am Pappkarton so an, dass sie möglichst nah nebeneinander liegen und den Kreis ausfüllen. Kürze die Holzspieße in der Mitte, sodass sie sich nicht mehr überschneiden und befestige sie mit Heißkleber am Pappkarton.

14 In der Zwischenzeit kannst du die Borte fertigstellen. Dafür benötigst du eine 1,25 m und eine 5 m lange Schnur, evtl. einen Korkuntersetzer und eine Stecknadel.

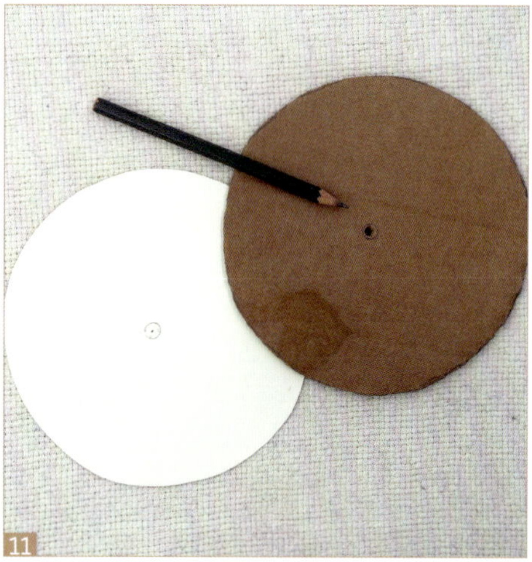

11

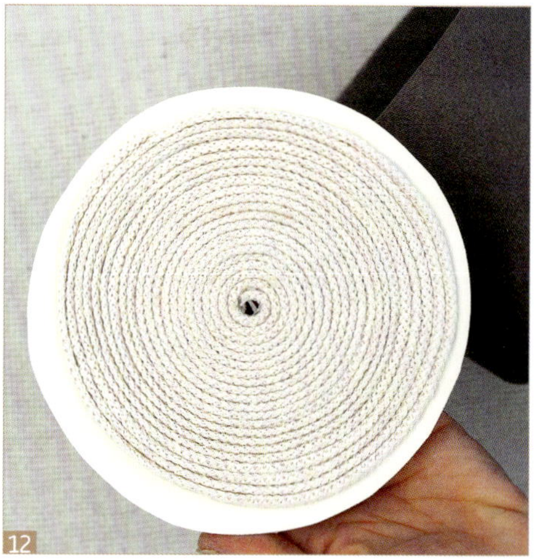

12

13

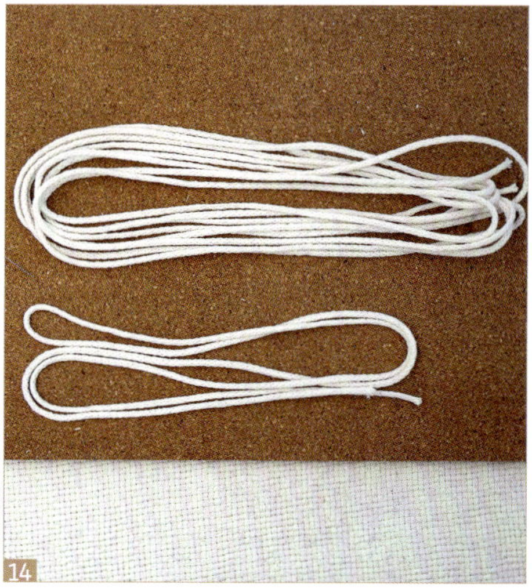

14

15 Falte beide Schnüre jeweils in der Mitte und befestige die kurze Schnur, sie heißt ab jetzt Leitfaden, mit einem Lerchenkopfknoten an der langen Schnur, die ab jetzt Arbeitsfaden heißt.

16 Lege die Arbeitsfäden jeweils seitlich neben die Leitfäden und fixiere sie mit der Stecknadel am Korkuntersetzer. Fahre mit dem Kreuzknoten fort.

17 Wiederhole den Kreuzknoten so oft, bis du die gewünschte Länge hast, um den Rand vom Tonpapier komplett auszufüllen.

18 Schneide die Leitfäden knapp ab. Lege die Arbeitsfäden nach innen und klebe sie mit Heißkleber fest; schneide das überstehende Garn ab.

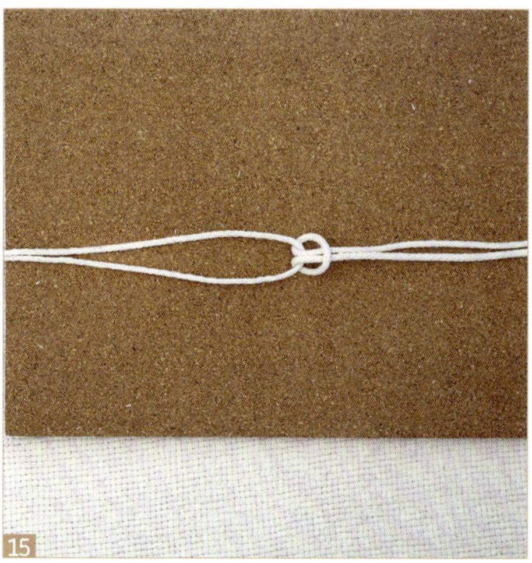

15

16

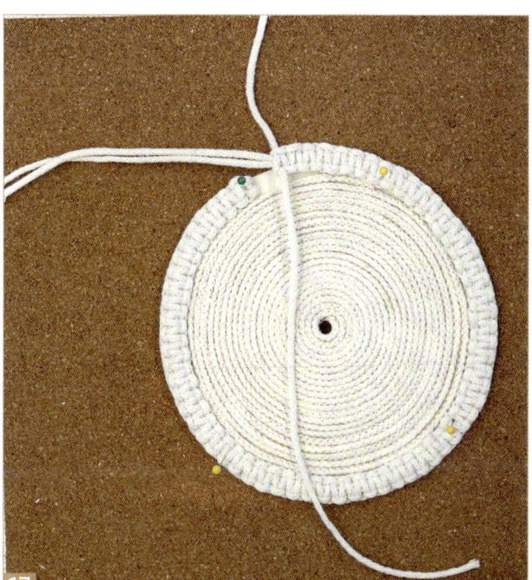

17

18

19 Klebe nun nach und nach die Borte am Rand des Tonpapiers mit Heißkleber fest. Nutze dabei Stecknadeln, um die runde Form zu erhalten, bis der Kleber getrocknet ist.

20 Nun verbinde den fertigen Tonpapierkreis mit dem Pappkarton und den Blättern. Nutze hierzu wieder eine Heißklebepistole. Drücke die beiden Kreise fest zusammen.

21 Stecke das Uhrwerk von hinten durch den Pappkarton durch. Richte die Befestigung des Uhrwerks zu dem Blatt aus, das später oben sein soll, und befestige es mit Heißkleber.

22 Befestige auf der Vorderseite die Zeiger der Uhr. Kämme eventuell abstehendes Garn der Blätter zurecht und sprühe kurz mit Haarlack drüber, damit sie ihre Form halten.

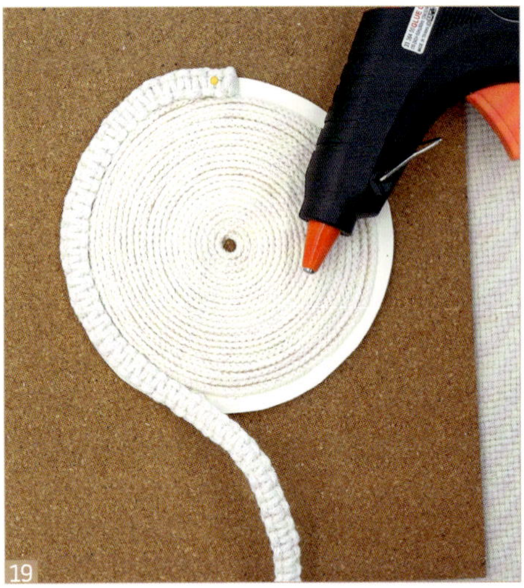
19

20

21

22

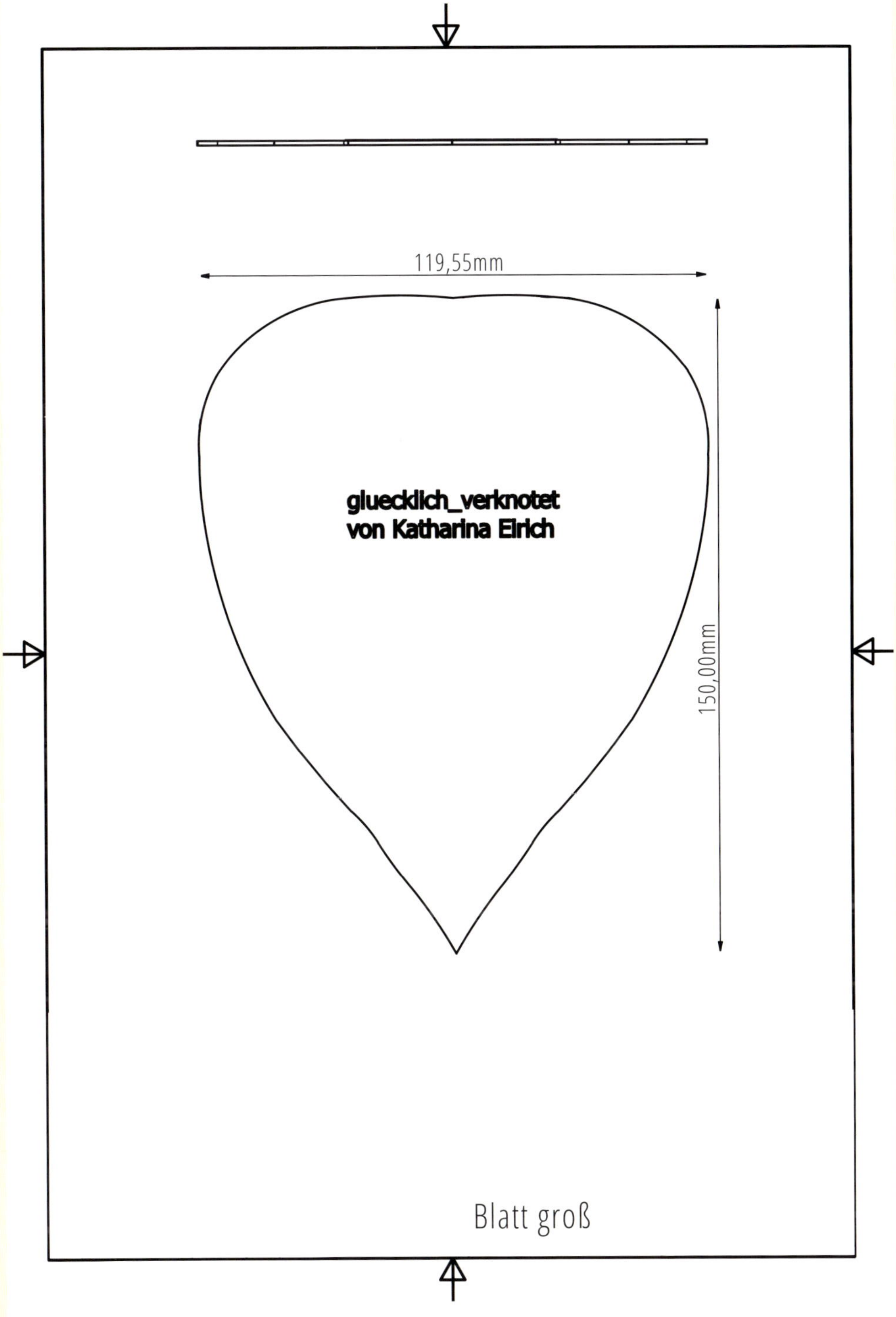
119,55mm
glueckklich_verknotet
von Katharina Eirich
150,00mm
Blatt groß

Tannenbaum

Werkzeug / Materialien

Du benötigst grünes Garn in der Stärke deiner Wahl, eine Tannenbaumschablone, einen Kamm oder eine Tierhaarbürste, etwas Backpapier, Textilverstärker, einen Filzstift, eine Schere, eine Baumscheibe, einen Akkuschrauber und einen Schaschlikspieß.

So wird's gemacht

1 Schneide zuerst den Leitfaden zu. Orientiere dich dabei an der Schablone für den Tannenbaum. Die Schnur sollte jeweils an der Spitze und am unteren Ende des Tannenbaums ca. 3 cm über die Schablone hinaus gehen.

2 Schneide dann die Arbeitsfäden zu. Orientiere dich bei der Länge der Schnüre an der breitesten Stelle deiner Schablone. Füge an jeder Seite ca. 1 cm hinzu und schneide dann das Garn ab.

3 Die Anzahl der Arbeitsfäden hängt von der Stärke deines Garnes ab. Bei einer Schnur von 2 mm Stärke benötigst du mehr Arbeitsfäden als bei einer Stärke von 5 mm. In dieser Anleitung wurden bei einer Garnstärke von 3 mm 24 Schnüre verwendet.

4 Beginne mit dem Leitfaden. Falte ihn in der Mitte. Du kannst ihn mit einem Stück Klebeband an den beiden Schnurenden auf einem festen Untergrund befestigen. So lässt es sich leichter knoten.

5 Befestige nun die Arbeitsfäden mit dem Riffknoten am Leitfaden. Lass am Leitfaden am Ende ca. 3 cm frei und setze dann erst den ersten Riffknoten an.

6 Beim Knoten kann es für Kinder hilfreich sein, wenn eine weitere Person das eine Ende des Leitfadens festhält.

7 Überprüfe mit deiner Schablone, ob du bereits genügend Arbeitsfäden befestigt hast. Der letzte Riffknoten sollte ca. 3 cm Abstand von der Spitze des Baumes haben.

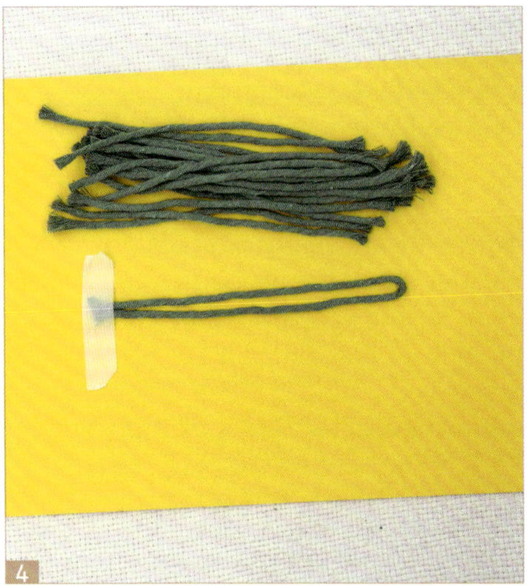
4

5

6

7

8 Kämme nun die Schnüre auf einer Unterlage, z.B. einer Pappe, mit einem Kamm oder einer Tierhaarbürste aus. Für Kinder ist eine helfende Hand einer weiteren Person dabei sehr nützlich.

9 Lege die Schnüre nun auf Backpapier und kämme dein geknotetes Werk noch einmal ordentlich in Form. Bestreiche es dann komplett mit Textilverstärker.

Lass dein bestrichenes Makramee 5–6 Stunden trocknen. Je nachdem, wie dick du den Textilverstärker aufgetragen hast, kann es auch etwas länger dauern.

10 Löse das getrocknete Makramee vom Backpapier und male mit einem gut sichtbaren Filzstift die Tannenbaum-Form mithilfe der Schablone drauf. Die Spitze zeigt dabei auf das ausgekämmte Ende und die Schlaufe des Leitfadens wird zum Baumstamm.

11 Schneide die Form aus. Setze dabei die Schere bei jedem Richtungswechsel neu an. Die Schnüre auf der Rückseite sind oberflächlich noch etwas lose. Ich empfehle, diese ebenfalls im Anschluss mit Textilstärke zu bestreichen.

8

Tipp Ganz wichtig! Lass es nicht über mehrere Tage trocknen, denn dann wird das Garn zu fest sein, um es mit einer Schere in Form zu schneiden

9

10

12 Der Tannenbaum wirkt auf einer Baumscheibe platziert sehr schön. Bohre dafür mit einem 2-mm-Aufsatz eines Akkuschraubers ein Loch in die Baumscheibe.

13 Führe einen Schaschlikspieß vorsichtig zwischen den Riffknoten am Leitfaden entlang hindurch.

14 Kürze den Stiel und stecke ihn mit dem Tannenbaum in die Holzscheibe hinein.

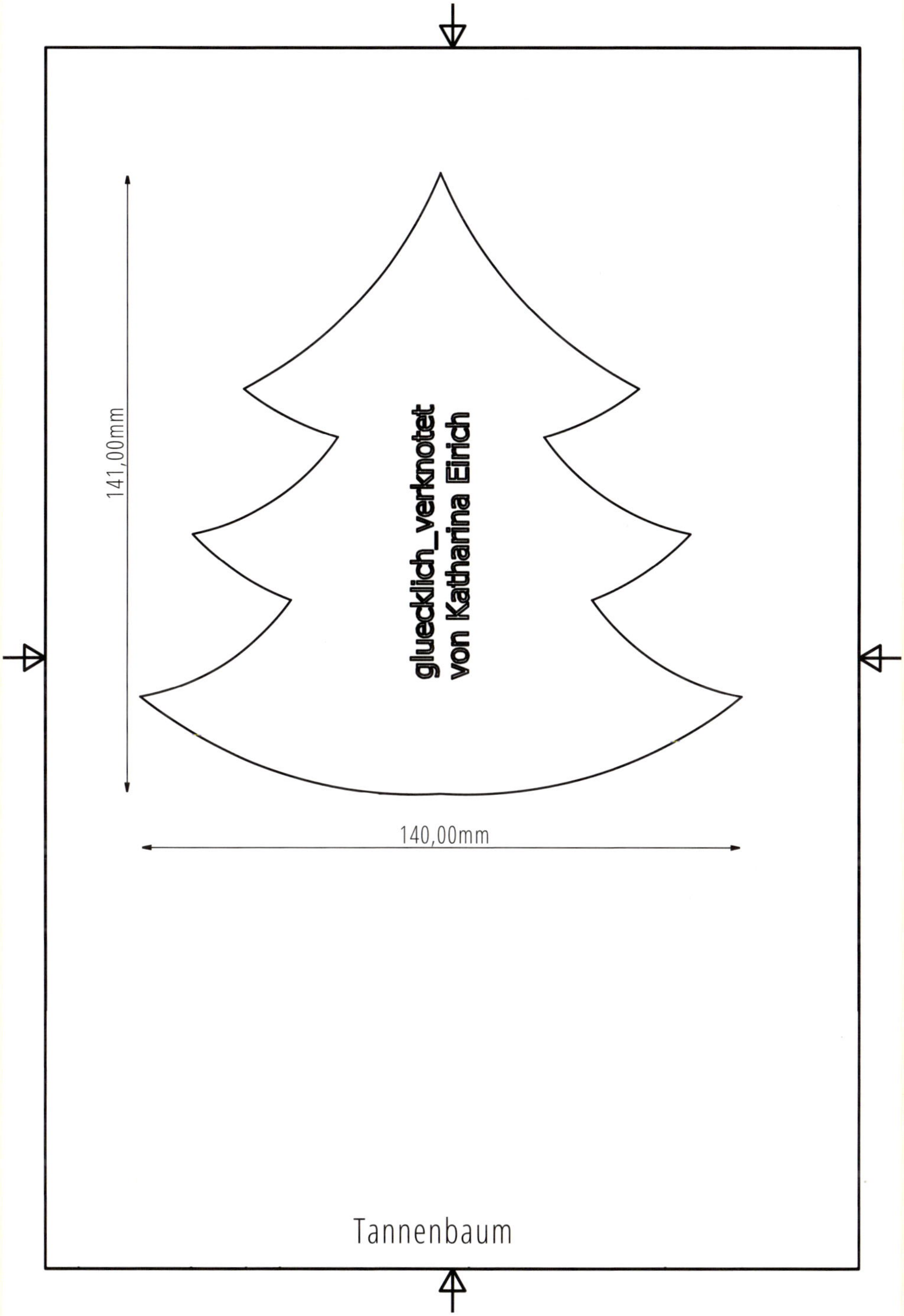
141,00mm
gluecklich_verknotet
von Katharina Eirich
140,00mm
Tannenbaum

Lampe

Werkzeug / Materialien

1 Du benötigst für die Deckenlampe ein Gestell, 3-fach gedrehtes Garn, wenn du magst in mehreren Farben, und eine Schere.

So wird's gemacht

2 Befestige eine 40 cm lange Schnur mit dem Lerchenkopfknoten am Lampengestell. Die Farben deiner Lampe können von schlicht bis kunterbunt sein. Lass deiner Kreativität freien Lauf.

1

2

3 Öffne die 3-fach verdrehten Schnüre unter dem Knoten.

4 Fertig ist die Lampe.

Türanhänger „stop and go"

Werkzeug / Materialien

1 Du benötigst grünes und rotes Garn (gedreht, gezwirnt oder geflochten) in der Stärke deiner Wahl, einen Holz- oder Metallring durch den die Türklinke passt, Stecknadeln und etwas Klebeband.

So wird's gemacht

2 Unser Türanhänger hat eine Länge von 17 cm und eine Breite von 5 cm. Je nachdem, welche Garnstärke du verwendest, variiert die Anzahl und die Länge der Schnüre. Bei einer 3 mm dicken Schnur schneide Schnüre ab, die 6-mal so lang sind wie der Türanhänger lang werden soll.

1

2

3 Fixiere den Ring mit dem Klebeband auf einem festen Untergrund und befestige eine 1 m lange Schnur mit dem Lerchenkopfknoten am Ring.

4 Knote eine zweite Schnur von 1 m Länge mit einem Kreuzknoten an die linke Schnur, die am Ring befestigt ist. Jetzt hast du einen Leitfaden und zwei Arbeitsfäden.

5 Befestige die dritte Schnur von 1 m Länge mit einem Kreuzknoten an der rechten Schnur, die am Ring befestigt ist.

6 Du erhältst zwei nebeneinander liegende Kreuzknoten. Verbinde diese, indem du einen weiteren Kreuzknoten in der zweiten Reihe knotest.
Die 2. und 5. Schnur sind nun die Arbeitsfäden und die 3.und 4. Schnur werden zu Leitfäden. Dieses Muster nennt man „versetzter Kreuzknoten".

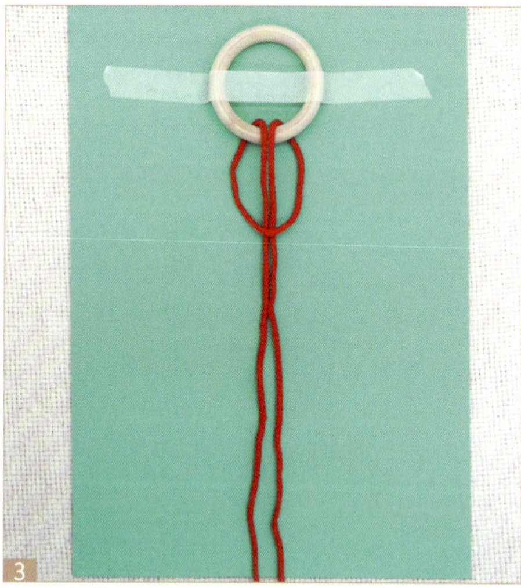

3

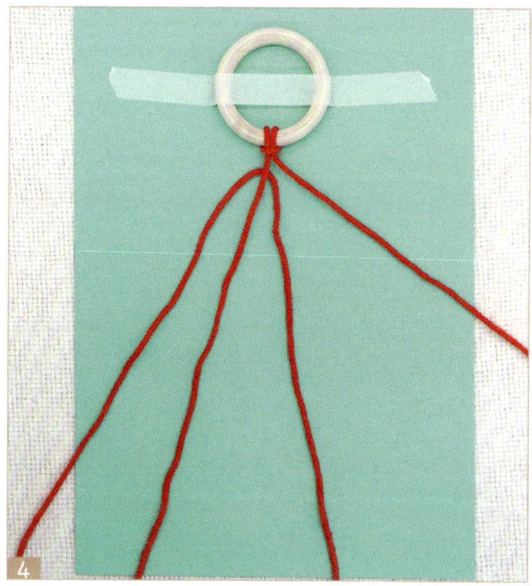

4

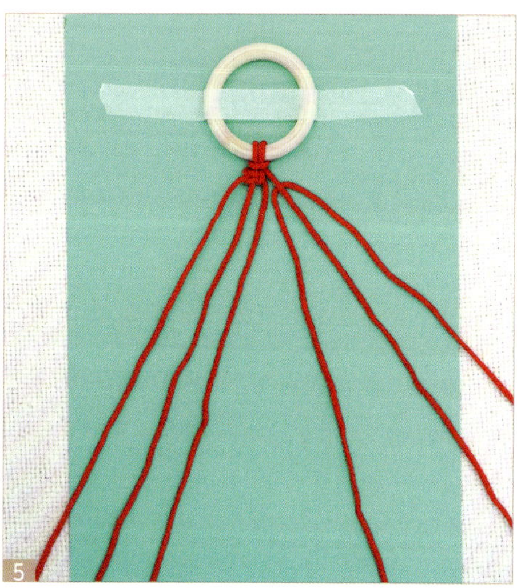

5

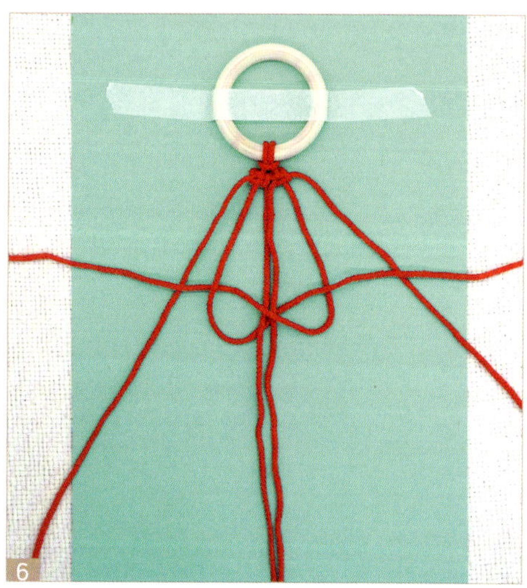

6

7 Fülle nun die zweite Reihe mit einer weiteren 1 m langen Schnur auf. Gehe dabei wie im Schritt 4 vor.

8 Vervollständige die Reihe mit der letzten 1 m langen Schnur. Dies machst du wie im Schritt 5.

9 Verbinde in der dritten Reihe die oberen Kreuzknoten wieder mit einem versetzten Kreuzknoten wie in Schritt 6.

10 Die vierte Reihe besteht wieder aus drei nebeneinander liegenden Kreuzknoten.

Tipp Achte dabei darauf, dass die äußeren Kreuzknoten jeweils nur einen Leitfaden haben!

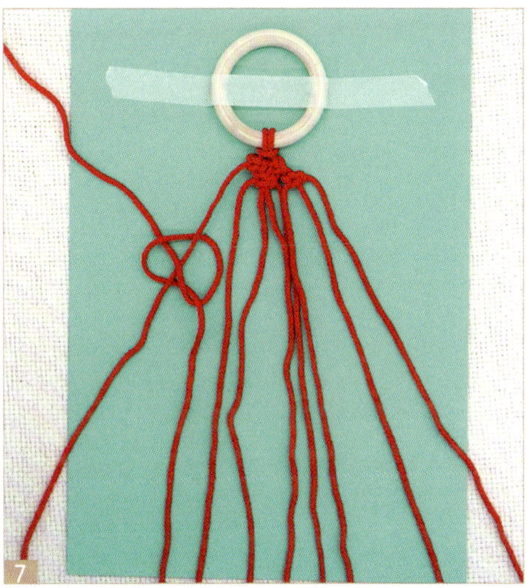

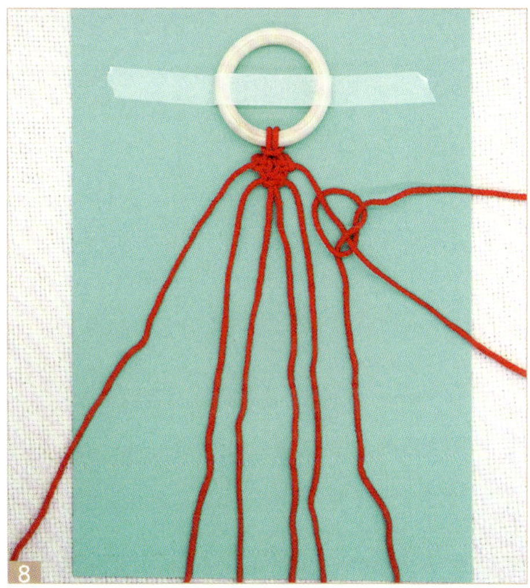

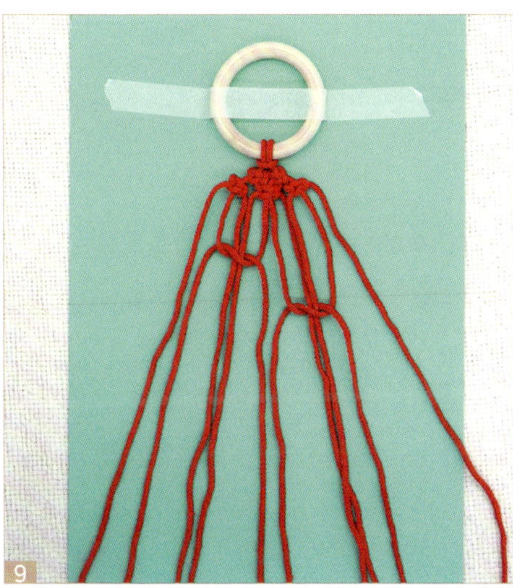

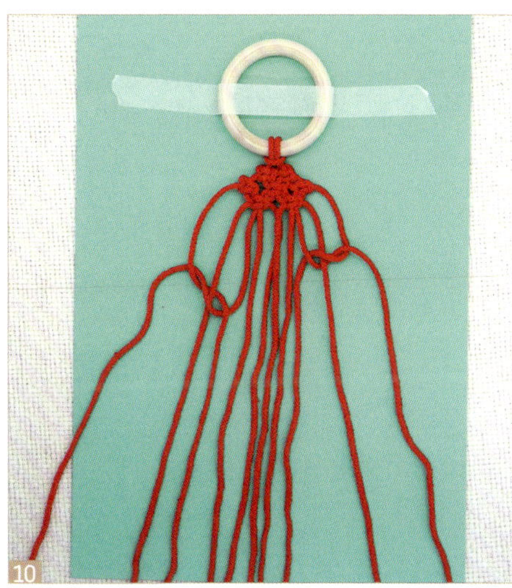

11 Den mittleren Kreuzknoten machst du wie gewohnt mit zwei Arbeitsfäden und zwei Leitfäden.

12 Fahre nun von Reihe zu Reihe mit den versetzten Kreuzknoten weiter fort.

13 Ziehe in der letzten Reihe die Kreuzknoten besonders fest und schneide die unteren Schnüre in gleicher Länge ab.

14 Knote neben dem roten Türanhänger einen grünen Anhänger direkt an den Ring. Gehe hierbei wie bei dem roten Anhänger vor.

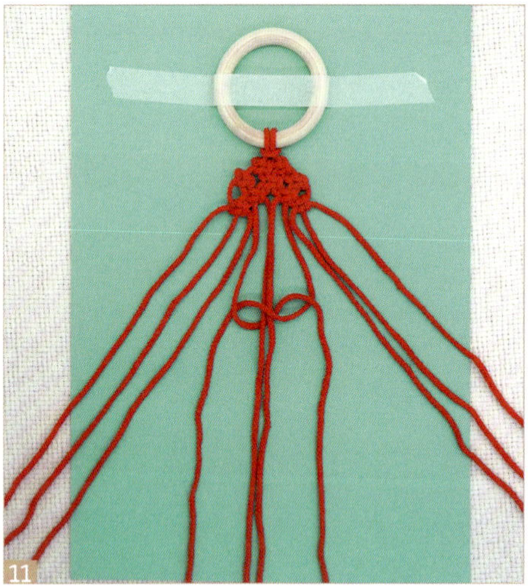

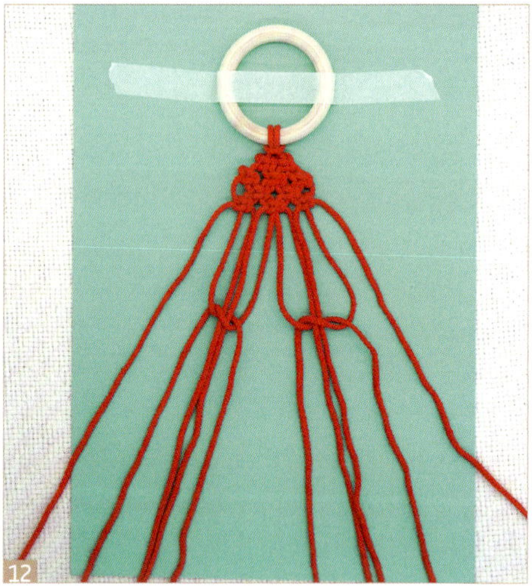

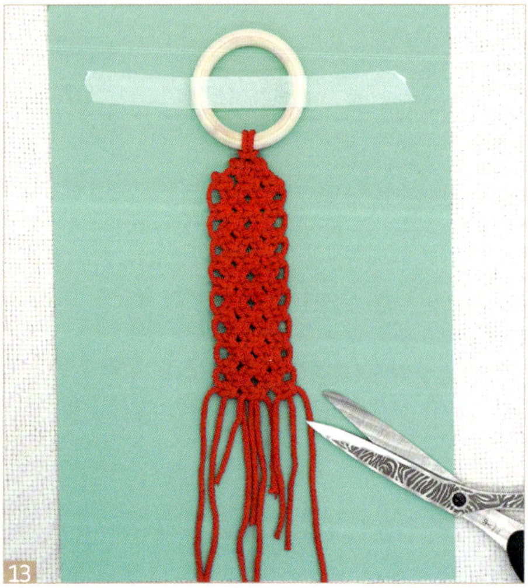

15 Knote und schneide den zweiten Türanhänger ungefähr genauso lang und breit wie den ersten.

16 Hier kannst du gut erkennen, wie die unterschiedlichen Garnstärken am Ende aussehen.

15

16

Haarspange

Werkzeug / Materialien

1 Für dieses Projekt benötigst du ca. 40 cm gedrehtes oder gezwirntes Garn in 1, 2 oder 3 mm Stärke, eine schlichte Haarspange, eine Stecknadel, einen Korkuntersetzer, einen Kamm, Backpapier, Haarlack, einen Föhn, eine Schablone, eine Schere und Sekundenkleber.

1

So wird's gemacht

2 Ermittle die Länge für den Leitfaden anhand deiner Haarspange. Das Garn sollte mittig gefaltet ca. 2 cm länger als die Haarspange sein.

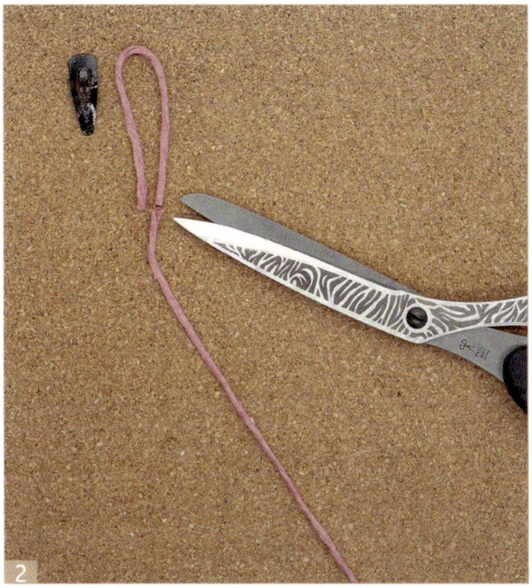

3 Schneide Arbeitsfäden in einer Länge von mindestens 8 cm . Die Anzahl der Arbeitsfäden hängt von der Stärke deines Garnes ab. Orientiere dich hierbei am Leitfaden: Es sollen so viele Arbeitsfäden an den Leitfaden geknüpft werden, dass noch 1 cm vom Leitfaden übrig bleibt.

4 Befestige den Leitfaden mittig mit dem Lerchenkopfknoten an einem Arbeitsfaden.

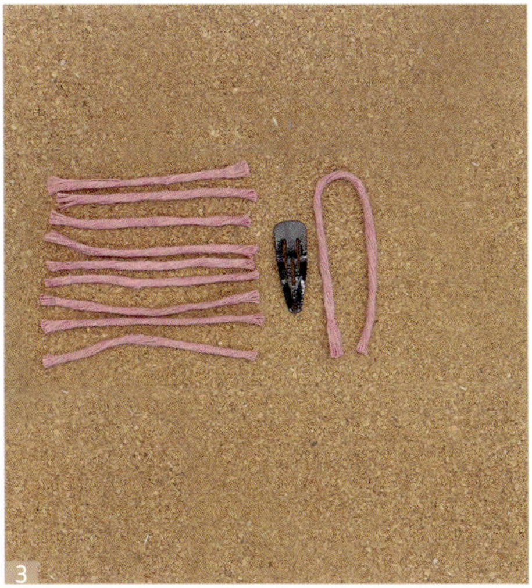

5 Fixiere dein Projekt mit einer Stecknadel auf einem Korkuntersetzer, damit du leichter arbeiten kannst. Bringe nun alle Arbeitsfäden mit dem Riffknoten am Leitfaden an.

6 Knote nur so weit, wie deine Haarspange lang ist.

7 Kämme nun alle Schnüre mit einem Kamm aus.

8 Lege dein Projekt auf Backpapier und sprühe es mit Haarlack ein. Kämme es noch einmal endgültig in Form und streiche die Haarlacktröpfchen vorsichtig mit den Fingern aus.

5

6

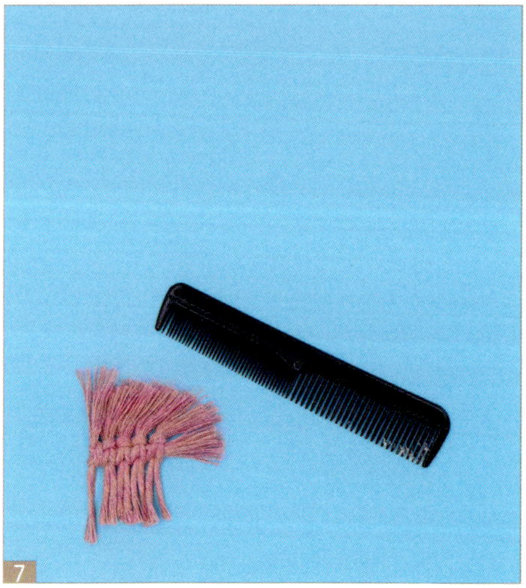
7

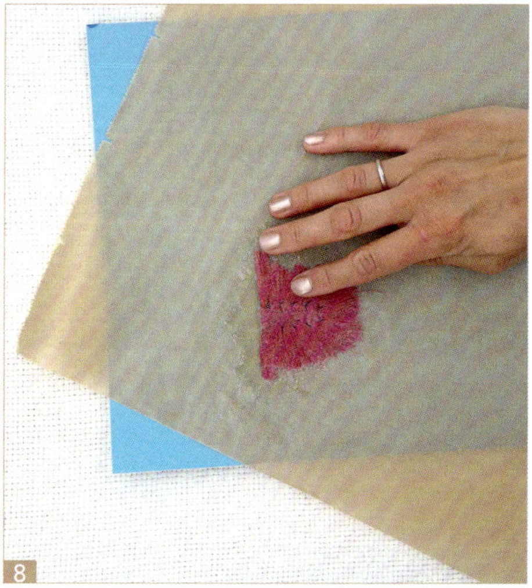
8

9 Föhne alles direkt im Anschluss trocken. Wiederhole das Einsprühen und Föhnen ein weiteres Mal auf der Vorderseite und sprühe einmal die Rückseite ein.

10 Zeichne mithilfe der Schablone die Blattform auf das fixierte Garn und schneide sie mit der Schere aus.

11 Klebe das Makramee-Blatt mit Sekundenkleber auf die Haarspange. Lass den Kleber etwas trocknen. Und fertig ist deine neue Haarspange.

9

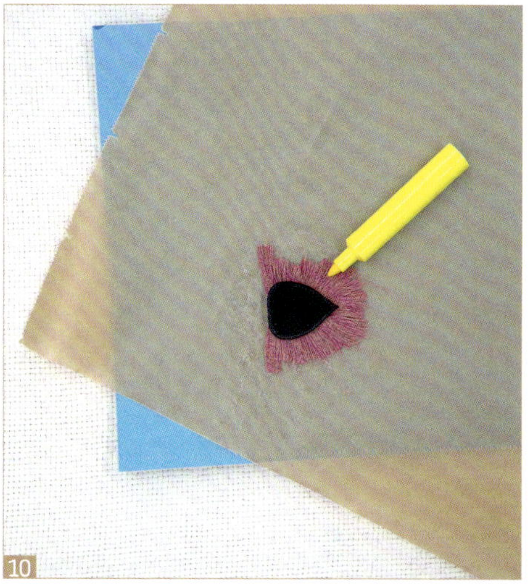

10

11

Schneeflocken

Werkzeug / Materialien

1 Für die Winterdekoration benötigst du einen Ast oder ein ähnliches Trägerelement, gedrehtes oder geflochtenes Garn in der Stärke deiner Wahl, eine Toilettenpapierrolle oder andere ringförmige Gegenstände wie z. B. Schlüsselringe, und eine Schere.

So wird's gemacht

2 Wenn du eine Toilettenpapierrolle benutzt, schneide sie in 1 cm breite Ringe.

1

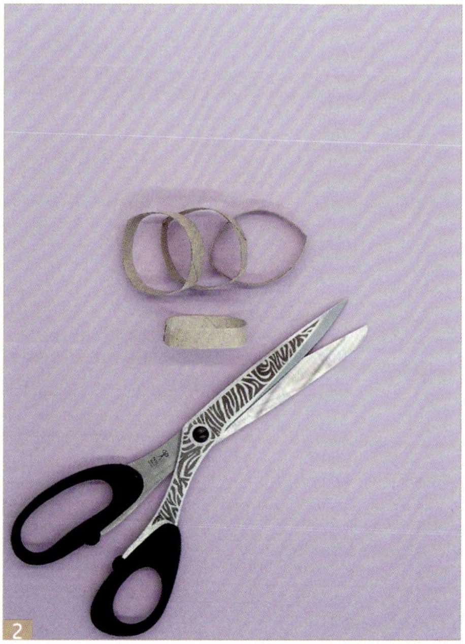

2

Tipp Wichtig! Die Anzahl der befestigten Schnüre am Papierring muss immer durch 4 teilbar sein

3 Schneide nun die Schnüre zu. Bei Garn der Stärke von z.B. 4 mm benötigst du 17 Schnüre à 35 cm und eine 70 cm lange Schnur bzw. eine noch längere, wenn die Schneeflocken auf unterschiedlicher Höhe am Trägerelement befestigt werden sollen.

4 Befestige die erste kurze Schnur mit einem umgekehrten Lerchenkopfknoten am Papierring.

5 Danach kommt die lange Schnur an die Reihe. Falte sie so, dass eine Seite der Schnur die gleiche Länge hat wie die bereits am Papierring befestigte kurze Schnur. Befestige sie ebenfalls mit dem umgekehrten Lerchenkopfknoten am Papierring.

6 Nun kannst du die restlichen kurzen Schnüre wie unter Schritt 4 beschrieben, am Papierring befestigen.

3

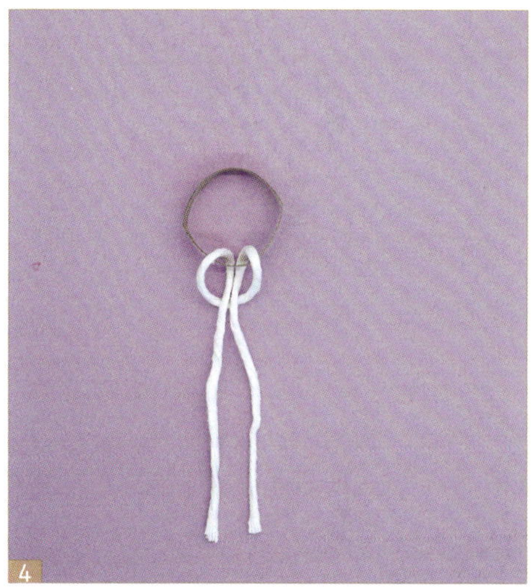

4

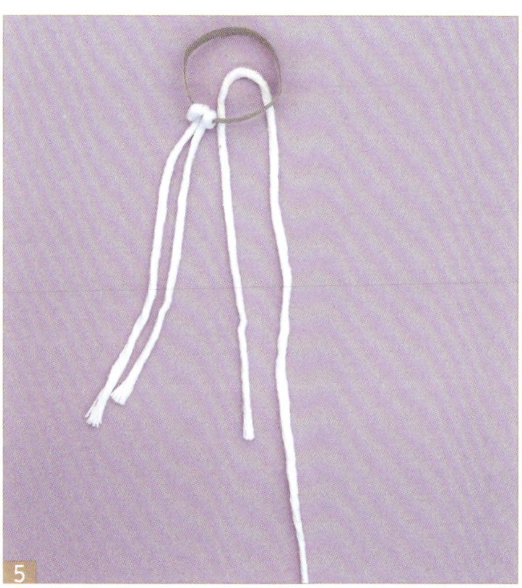

5

6

7 Knote mit allen Schnüren am Papierring einen halben Kreuzknoten, sodass du am Ende 9 halbe Kreuzknoten hast.

8 Mache in der zweiten Reihe mit einem versetzten Kreuzknoten weiter. Dafür werden die Arbeitsfäden aus der ersten Reihe zu Leitfäden. Und die Leitfäden werden zu Arbeitsfäden.

9 So erhältst du ein versetztes Muster.

10 Schneide alle Schnüre, bis auf die ganz lange Schnur, auf 2–4 cm ab. Du kannst alle Schnüre gleichmäßig abschneiden oder unterschiedlich lang. Dadurch erhält die Schneeflocke ein weiteres Muster.

7

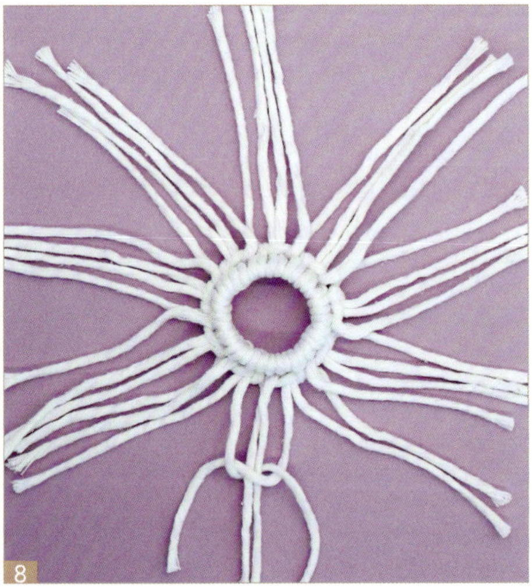
8

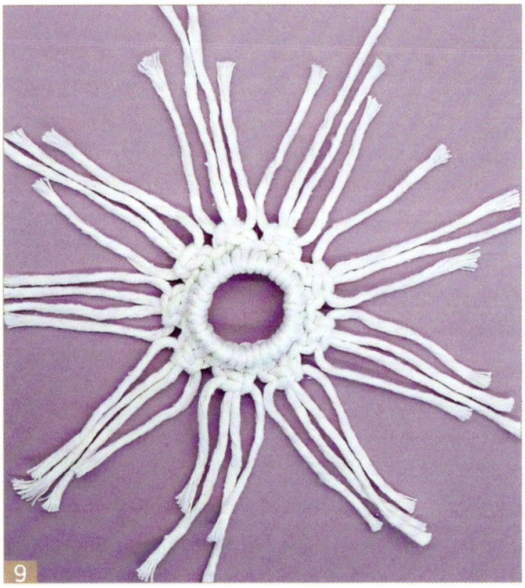
9

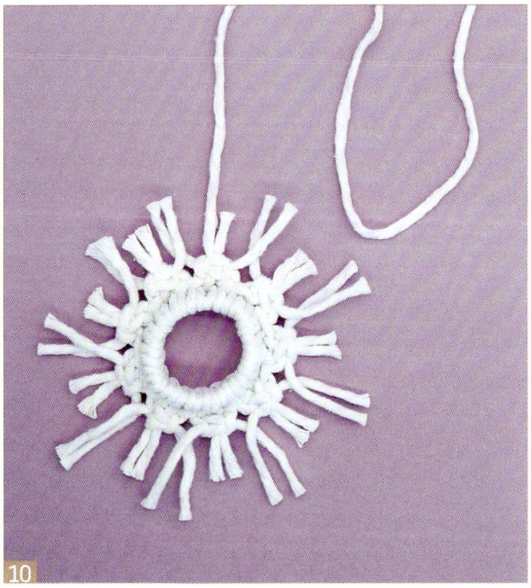
10

11 Befestige die Schneeflocken mit einem erweiterten Lerchenkopfknoten an der langen Schnur am Ast.

12 Fixiere das Ende der Schnur auf der Rückseite mit einem Doppelknoten und schneide die überstehende Schnur ab.

13 Fertig ist deine erste Schneeflocke. Nun kannst du mit den restlichen Stückchen der Toilettenpapierrolle viele weitere Schneeflocken knoten.

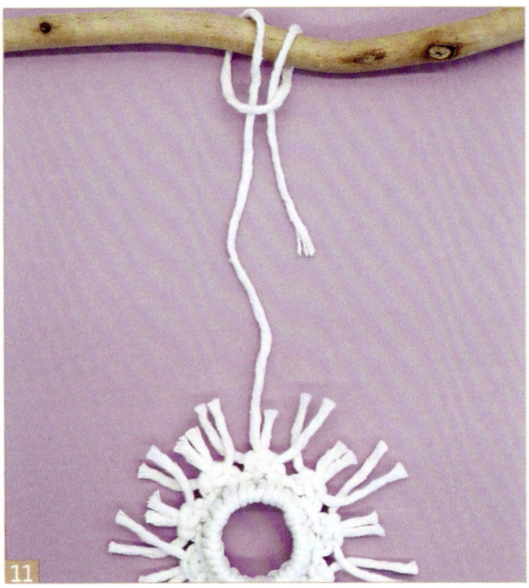
11

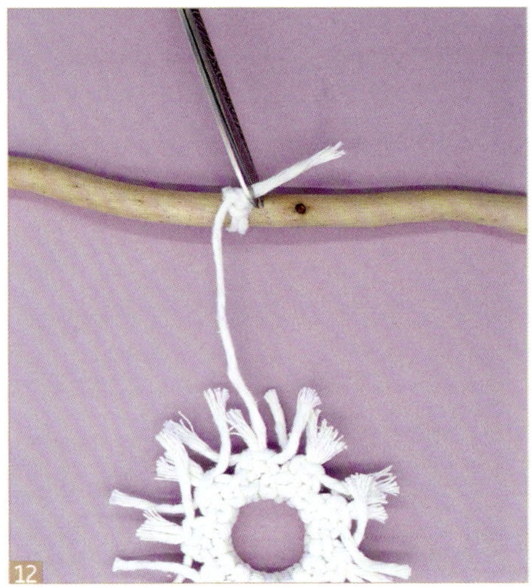
12

13

Zauberstab

Werkzeug / Materialien

1 Du benötigst für den Zauberstab Garn deiner Wahl, einen stabilen Holzstab in der Länge deiner Wahl, eine Schere, eine Heißklebepistole oder Sekundenkleber, einen Korkuntersetzer und eine Stecknadel.

So wird's gemacht

2 Schneide zwei Schnüre, die 14-mal so lang sind wie dein Holzstab, zurecht. Hier ein Beispiel: Dein Holzstab hat eine Länge von 20 cm. Dann benötigst du zwei Schnüre, die jeweils 20 cm × 14 = 280 cm lang sind.

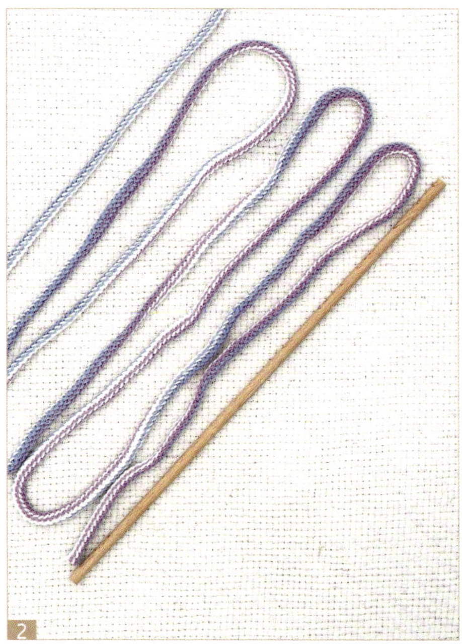

Tipp Achtung! Denke daran, das geflochtene Garn beim Abmessen nicht zu ziehen, sondern locker liegen zu lassen.

3 Klebe die beiden Schnüre jeweils an ihren Mittelpunkten zusammen. Darauf steckst du das Ende des Holzstabes. Klebe auch diesen senkrecht auf die obere Schnur auf.

4 Fixiere die Schnüre und den Holzstab mit einer Stecknadel auf einem Korkuntersetzer, damit du leichter arbeiten kannst.

5 Beginne nun mit dem chinesischen Kronenknoten. Du kannst dir aussuchen, ob du den normalen chinesischen Kronenknoten oder den mit dem Spiralmuster machst.

6 Umknüpfe den Holzstab mit 2–3 Knoten, dann löse dein Projekt vom Korkuntersetzer, denn die Stecknadel darf nicht im Zauberstab verbleiben.

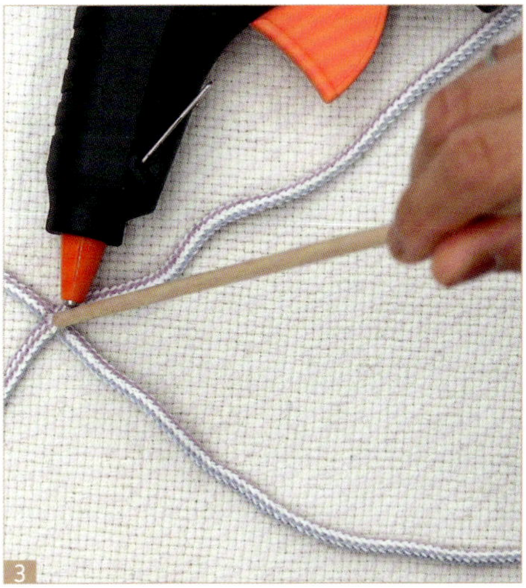

3

4

5

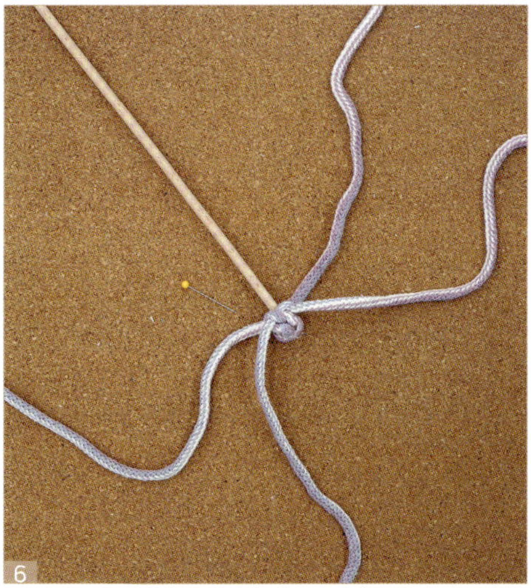

6

7 Du kannst nun mit einer Hand den Stab festhalten und mit der anderen die Schnüre verknoten.

8 Knüpfe so viele Kronenknoten, bis du am Ende des Holzstabes angelangt bist. Nun musst du die Schnüre fixieren, damit sie sich nicht lösen. Nimm zuerst zwei gegenüberliegende Schnüre und binde sie mit einem einfachen Knoten fest zusammen. Und danach machst du mit den anderen beiden Schnüren einen festen Doppelknoten.

9 Schneide die übrigen Schnüre bei einer Länge deiner Wahl ab und fertig ist der Zauberstab. Hier siehst du im Vergleich zwei Zauberstäbe, die mit unterschiedlichem Garn geknotet worden sind. Der zweifarbige Zauberstab besteht aus gezwirntem Garn in 3 mm Stärke. Der bunte Zauberstab wurde aus geflochtenem Garn in 5 mm Stärke gemacht.

7

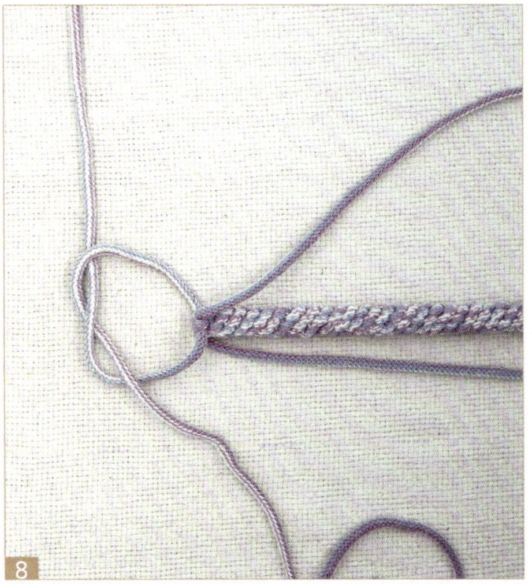

8

9

Paula

Namensschild

Werkzeug / Materialien

1 Du benötigst gedrehtes oder geflochtenes Garn in 2 oder 3 mm Stärke, einen dünnen Basteldraht (hier 0,8 mm), einen Filzstift, ein Blatt Papier, eine Schere, einen Deckel vom Schuhkarton, Bastelkleber und einen Jutestoff oder schönes Geschenkpapier.

So wird's gemacht

2 Schreibe auf das Blatt Papier deinen Namen oder den Namen einer anderen Person oder ein beliebiges Wort mit dem Filzstift breit und leserlich auf.

3 Lege ganz grob mit dem Draht alle Buchstaben nach, um die Länge des Drahtes zu ermitteln.

Tipp Achte darauf, dass die Buchstaben miteinander verbunden sind.

4 Nun folgt das Abmessen des Garnes. Lege das Garn locker den Draht entlang. Schneide das Garn in einer Länge ab, die 5-mal länger ist als der Draht.

5 Falte die Schnur in der Mitte. Befestige an diesem Punkt den Draht, indem du ihn einmal um die Schnur wickelst. Fixiere dein Projekt mit einer Stecknadel an einem Korkuntersetzer.

6 Wickel die beiden sehr langen Schnüre zu Knäueln, um leichter damit arbeiten zu können.

7 Knote das Garn mit dem Kreuzknoten um den Draht. Dieser ersetzt den Leitfaden.

8 Biege zwischendurch das geknotete Stück entlang der Buchstaben.

9 Stecke am Ende die gebogenen Abschnitte mit Stecknadeln fest. So behalten die Buchstaben ihre Form und das weitere Biegen fällt viel leichter.

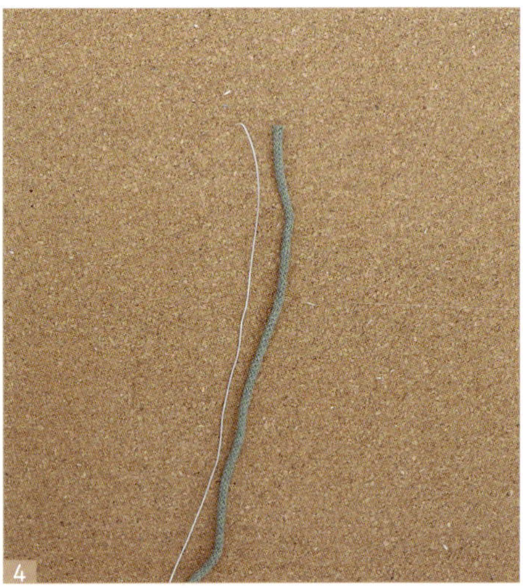

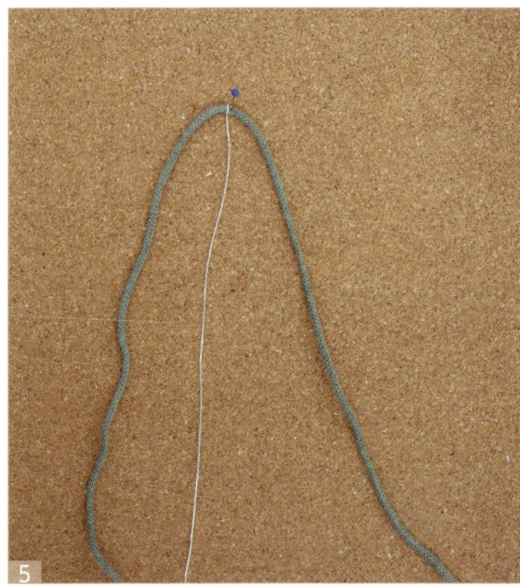

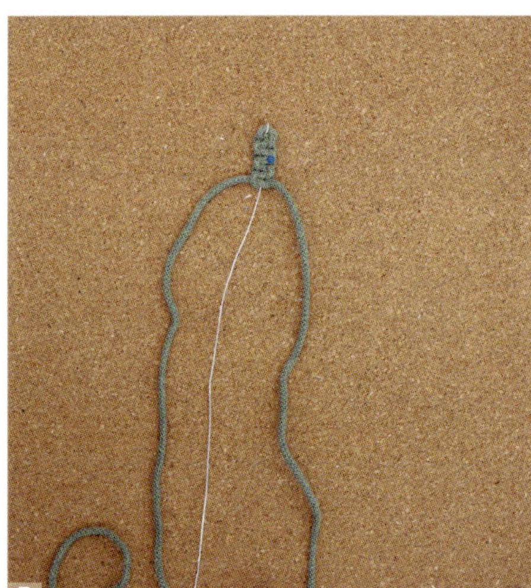

10 Schneide am Ende das Garn mit dem Draht ab.

11 Bereite nun die Aufhängung vor. Beklebe den Deckel eines Schuhkartons mit schönen Stoffen oder Geschenkpapier. Hier verwende ich einen Jutestoff.

12 Befestige mit Bastelkleber oder Heißkleber den Schriftzug am Karton. Fertig ist dein Namensschild.

8

9

10

11

12

Regenbogen-Karten

Werkzeug / Materialien

1 Für die Regenbogen-Karten benötigst du bunten Farbkarton, 2 oder 3 mm dickes, gedrehtes oder gezwirntes Garn, Stifte, Heißkleber, Korkuntersetzer, Stecknadeln und Klebeband.

So wird's gemacht

2 Gestalte deine Karte und lasse genügend Platz für den Makramee-Regenbogen.

3 Forme den kleinsten Bogen deines Regenbogens mit dem Garn auf der Karte und schneide es dann zu. Du benötigst zwei Schnüre in dieser Länge, später Leitfäden genannt.

4 Schneide nun eine Schnur, den Arbeitsfaden, die 12-mal länger ist als der Leitfaden von Schritt 3.

1

2

3

4

5 Befestige die beiden Leitfäden mit etwas Klebeband nebeneinander auf dem Korkuntersetzer.

6 Falte den langen Arbeitsfaden in der Mitte und lege ihn, mit der Schlaufe zum Klebeband zeigend, unter die beiden Leitfäden. Knote bis kurz vor dem Ende der Leitfäden mit den Arbeitsfäden Kreuzknoten.

7 Schneide am Ende alle vier Schnüre auf eine Länge zu.

8 Klebe die Arbeitsfäden hinten am Bogen mit Heißkleber fest.

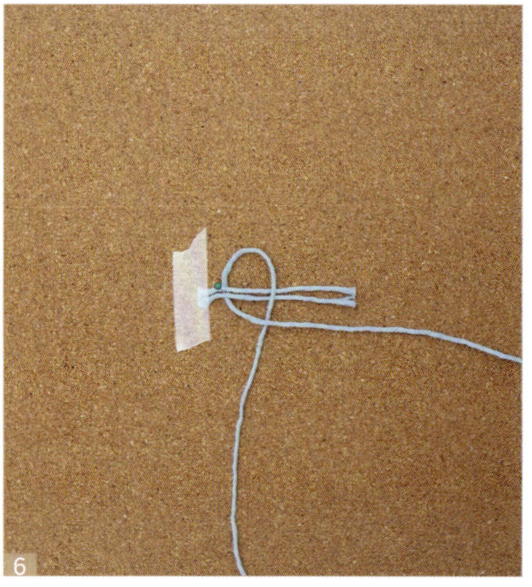

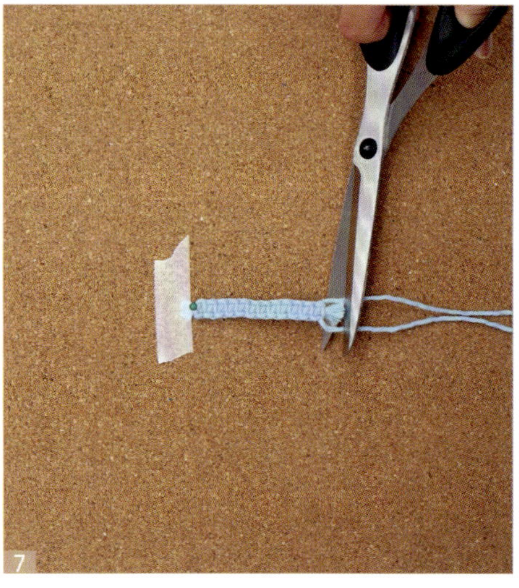

9 Biege den ersten Bogen in die gewünschte Rundung und fixiere ihn am Korkuntersetzer mit Stecknadeln.

10 Messe nun die Länge des zweiten Bogens ab, indem du eine Schnur mit ca. 1 cm Abstand über den ersten Bogen legst. Wiederhole die Schritte 3 bis 10 bei jedem weiteren Bogen.

11 Messe den Abstand zwischen den Enden des kleinsten Bogens aus. Hier sind es 2 cm. Dieses Maß hilft dir, den exakt gleichen Bogen auf der Karte wieder hinzubekommen.

12 Befestige die Bögen mit Heißkleber auf der Karte. Beginne mit dem kleinsten Bogen unter Berücksichtigung des Abstands aus Schritt 11.

9

10

11

12

Kuscheltierthron

Werkzeug / Materialien

1 Du benötigst 10 Schnüre, die 2 m lang sind, und zwei Schnüre, die 50 cm lang sind. Nimm ein Garn deiner Wahl; außerdem brauchst du ein Trägerelement wie z.B. einen Stock, etwas Klebeband und eine Schere.

1

So wird's gemacht

2 Fixiere dein Trägerelement mit Klebeband an einen festen Untergrund, damit du leichter knoten kannst.

3 Befestige die 2 m langen Schnüre mit dem Lerchenkopfknoten am Trägerelement. Schiebe jeweils zwei Knoten zu einem Pärchen zusammen und lasse etwas Abstand zum nächsten Pärchen.

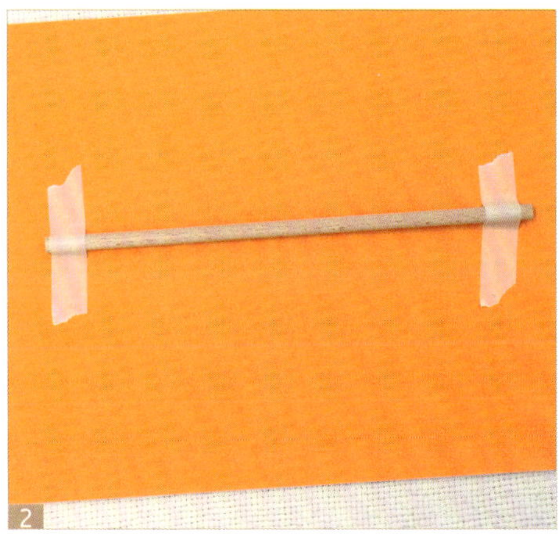

2

3

4 Knote aus jedem Pärchen einen Kreuzknoten.

5 Lege in der zweiten Reihe die 3. Schnur über die 4. und die 6. Schnur über die 5. Knote dann mit diesen vier Schnüren mit etwas Abstand zu den oberen Knoten einen weiteren Kreuzknoten.

6 Hier sieht man diesen Schritt unter Zuhilfenahme eines Stifts um den gleichmäßigen Abstand in der Knotenreihe herzustellen.

7 Ziehe bei Bedarf die Leitfäden etwas straffer.

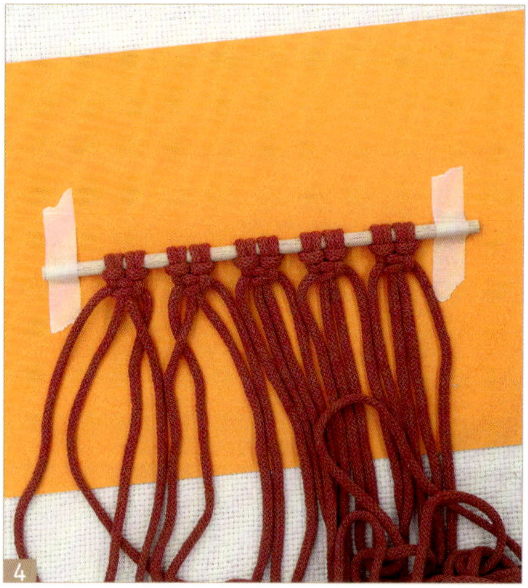

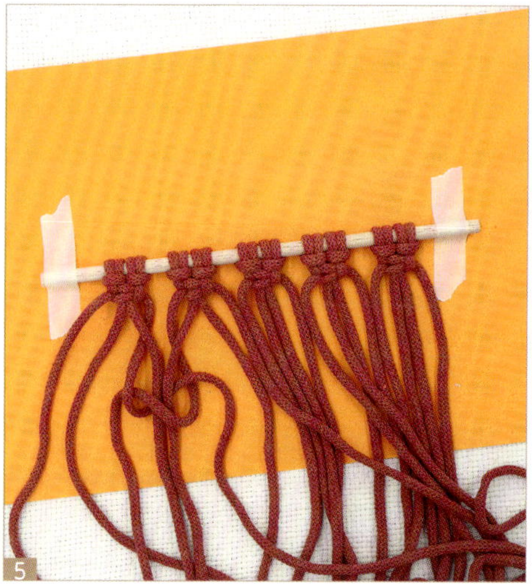

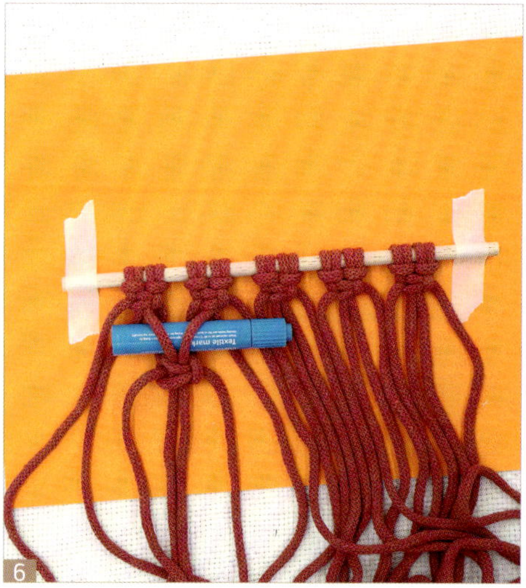

8 Wiederhole die Schritte 5 und 7 mit den restliche 12 Schnüre dieser Reihe.

9 Knote wie in Schritt 5 beschrieben in der 3. Reihe nur drei Kreuzknoten. In der 4. Reihe zwei und in der letzten nur einen versetzten Kreuzknoten.

10 Lasse ca. 3–4 cm Abstand unter dem letzten Kreuzknoten und knote einen weiteren Kreuzknoten.

11 Füge vier weitere Kreuzknoten mit den restlichen Schnüren so versetzt hinzu, dass eine Art Spitze nach oben zeigend entsteht.

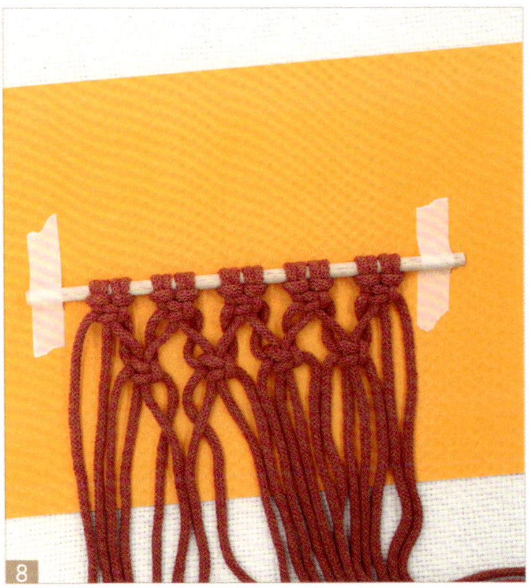
8

9

10

11

12 Lass einen größeren Abstand und beginne mit der 3. bis 6. Schnur mit einem Kreuzknoten. Füge mit den nächsten 12 Schnüren weitere 3 Kreuzknoten in dieser Reihe hinzu.

13 Nun klappst du an den jeweils beiden äußeren Schnüren das Makramee nach innen zusammen und knotest mit ihnen einen weiteren Kreuzknoten in derselben Reihe.

14 Füge mit etwas Abstand eine weitere Kreuzknotenreihe mit allen Schnüren versetzt hinzu.

15 Lass ca. 5 cm Abstand zur letzten Knotenreihe und binde alle Schnüre mit der 50 cm langen Schnur mit dem Wickelknoten zusammen. Kürze die unteren Schnüre auf deine Wunschlänge.

16 Für die Befestigung des Makramees benötigst du die zweite 50 cm lange

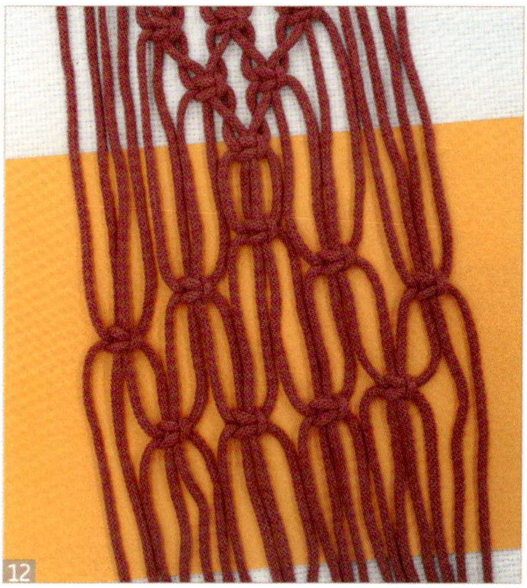
12

13

14

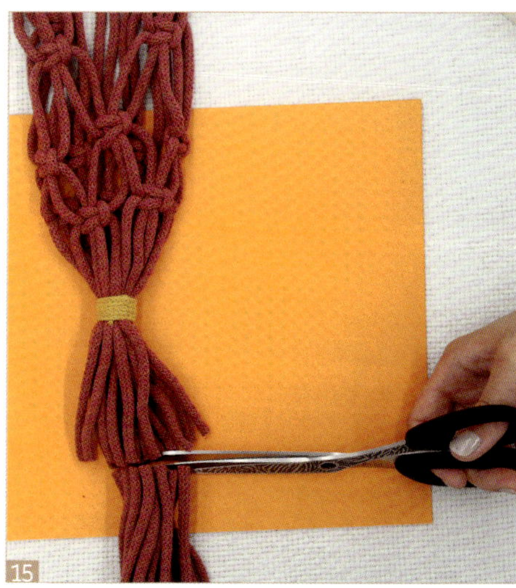
15

Schnur. Falte sie so, dass eine Schnur ca. 15 cm kurz ist und die andere 35 cm. Lege die gefaltete Schnur mit der Schlaufe nach unten zeigend und mit der kurzen Schnur nach außen über dein Trägerelement und befestige sie mit dem Lerchenkopfknoten.

17 Messe ca. 20 cm von der langen Schnur ab. Lege die Schnur an dieser Stelle an der anderen Seite auf das Trägerelement. Führe die Schnur hinter das Trägerelement und hole sie wieder nach vorne und komme dabei links von der Schnur heraus.

18 Führe das Ende über die Schnur nach rechts und unter das Trägerelement. Führe die Schnur von unten nach oben über dem Trägerelement durch die Schlaufe hindurch und ziehe den Knoten fest.

19 Fixiere die beiden Schnurenden auf der Rückseite mit einem Doppelknoten und schneide die überstehende Schnur ab.

16

17

18

19

Lenkertasche

Werkzeug / Materialien

1 Für die Lenkertasche benötigst du 65 m (recyceltes) Polyestergarn in 3 oder 4 mm Stärke, einen Pompom-Maker, zwei Schlüsselanhänger mit Drehgelenk, einen Korkuntersetzer und Stecknadeln.

So wird's gemacht

2 Schneide 60 Schnüre in der Länge von 100 cm zu. Bei so vielen Schnüren sparst du dir mit einem Pompom-Maker für das Abmessen und Zuschneiden viel Zeit.

3 Befestige 4 Schnüre am jeweiligen Mittelpunkt mit Stecknadeln auf dem Korkuntersetzer.

4 Knote aus diesen Schnüren einen Kreuzknoten.

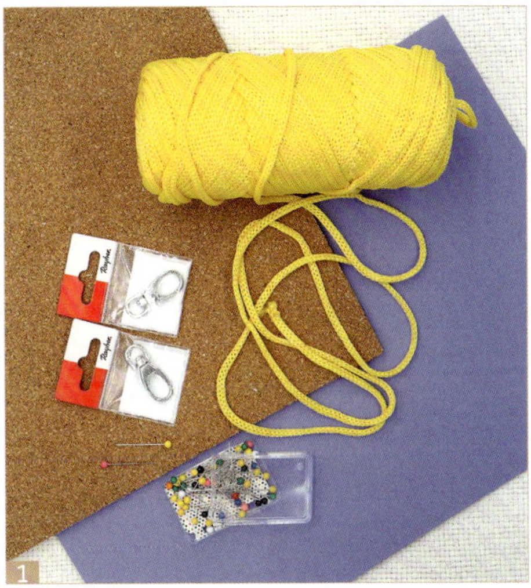

1

2

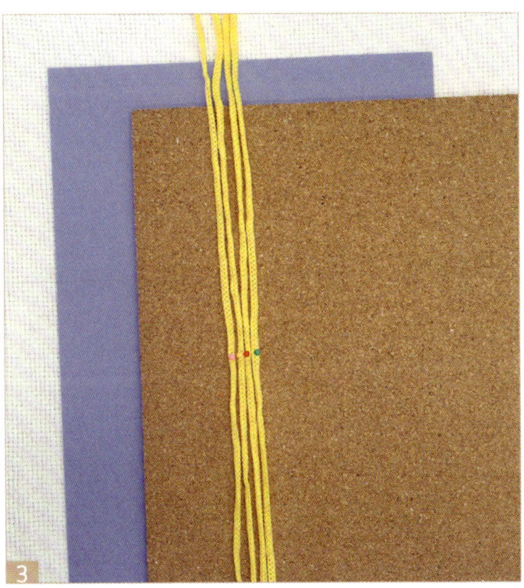

3

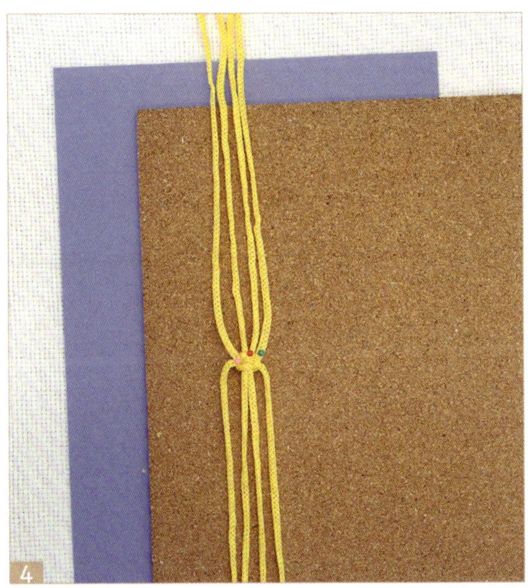

4

5 Stecke den fertigen Kreuzknoten an die Seite. Wiederhole die Schritte 3 bis 5 mit den restlichen 56 Schnüren.

6 Befestige alle fertigen Kreuzknoten mit Stecknadeln nebeneinander. Somit hast du die erste Reihe gebildet.

7 Beginne in der zweiten Reihe und knüpfe Kreuzknoten mit den Schnüren 3– 6. In der dritten Reihe beginne die Kreuzknoten wieder mit der ersten Schnur. Fahre im Wechsel so weiter fort, bis du 9 Reihen geknotet hast.

8 Drehe dein Makramee von oben nach unten um und knote auf der anderen Seite 9 Reihen mit Kreuzknoten. Achtung! Jetzt geht es spiegelverkehrt weiter. Achtung! Beginne nun alle Kreuzknoten mit der linken Schnur über die Leitfäden zu legen. Anstatt wie bisher mit der rechten.

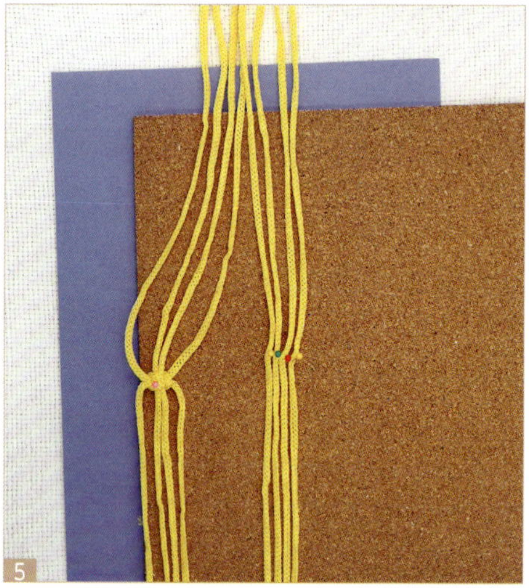
5

6

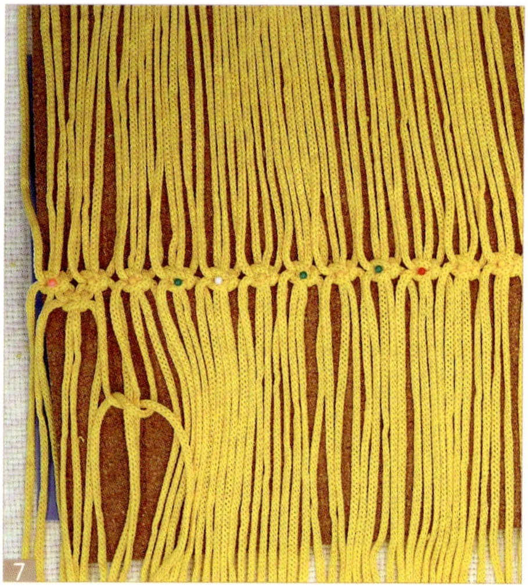
7

8

9 Falte das Makramee von links nach rechts und klemm es am besten zwischen deine Beine, um weiter fortzufahren.

10 Schließe die Seitenwände der Tasche und verbinde die Schnüre mit sehr festen Kreuzknoten wie folgt. Klappe dessen Arbeitsfäden nach oben. Die Leitfäden bleiben. Nehme jeweils die nächste Schnur links und rechts dazu und knüpfe einen Kreuzknoten.

11 Klappe die vier Schnüre nach oben zu den anderen und knote mit den nächsten vier Schnüren, jeweils zwei von jeder Seite, einen weiteren Kreuzknoten. Diese klappst du dann wieder nach oben weg. Fahre immer so weiter fort.

12 Am Ende bleiben sechs Schnüre übrig. An dieser Stelle hast du dann 4 Leitfäden und 2 Arbeitsfäden für den letzten Kreuzknoten. Wiederhole die Schritte 10 bis 12 auf der anderen Seite der Tasche, um auch diese zu schließen.

9

10

11

12

13 Lasse beim Abschneiden der Schnüre ca. 2–3 cm übrig.

14 Drehe die Tasche nun von außen nach innen, von den kurzen Schnüren sind nur noch die oberen abstehenden zu sehen. Wenn du Polyestergarn verwendet hast, halte die Schnurenden kurz in die Flamme eines Feuerzeugs. Sie schmelzen etwas an und du kannst sie nach innen kleben. Oder du verwendest direkt einen Schnellkleber.

15 Für die Henkel benötigst du 2 Schnüre in der Länge von 1 m, 4 Schnüre in der Länge von 50 cm und die beiden Schlüsselanhänger.

16 Befestige eine 50 cm lange Schnur an der Tasche zwischen den äußeren Kreuzknoten mit einem Lerchenkopfknoten. Ziehe ihn noch nicht fest.

13

14

15

16

17 Ziehe die 1 m–lange Schnur mittig durch die Schlaufe des Lerchenkopfknotens und ziehe diesen dann fest.

18 Knote je nach Durchmesser des Fahrradlenkers etwa 10 Kreuzknoten.

19 Ziehe die zwei Leitfäden durch die Befestigung des Schlüsselanhängers und klappe sie um. Somit hast du vier Schnüre nebeneinander liegen. Lass ca. 3 cm Abstand zum letzten Kreuzknoten und fixiere aus den vier Schnüren den Schlüsselanhänger mit einem Kreuzknoten.

17

18

19

20 Verbinde die vier Schnüre mit der zweiten 50 cm langen Schnur mit einem Wickelknoten zwischen den Kreuzknoten.

21 Schneide die überstehenden Schnüre ab und verklebe die Enden mit der Flamme eines Feuerzeugs oder Kleber, damit sie nicht wieder aufgehen.

22 Wiederhole die Schritte 16 bis 17 für den zweiten Henkel. Fertig ist deine Lenkertasche.

20

21

22

Oktopus

Werkzeug / Materialien

1 Für dieses Projekt benötigst du geflochtenes, gezwirntes oder gedrehtes Garn in 1, 2 oder 3 mm Stärke, einen leeren und sauberen Joghurtbecher, etwas Klebeband, einen Eddingstift, Alleskleber oder Heißkleber, eine dicke Nadel, evtl. Wackelaugen, Basteldraht und Perlen.

So wird's gemacht

2 Lege mit der Schnur die Länge eines Oktopusarms fest und messe noch 5-mal diese Länge der Schnur, dort schneidest du die Schnur ab. Mach das gleiche mit einer weiteren Schnur.

3 Lege die zwei Schnüre mit den jeweils kurzen Seiten nach innen nebeneinander und befestige sie mit einem Klebeband an einer festen Unterlage.

4 Knote mit den vier Schnüren halbe Kreuzknoten, bis ca. 2 cm von den Leitfäden übrig bleiben.

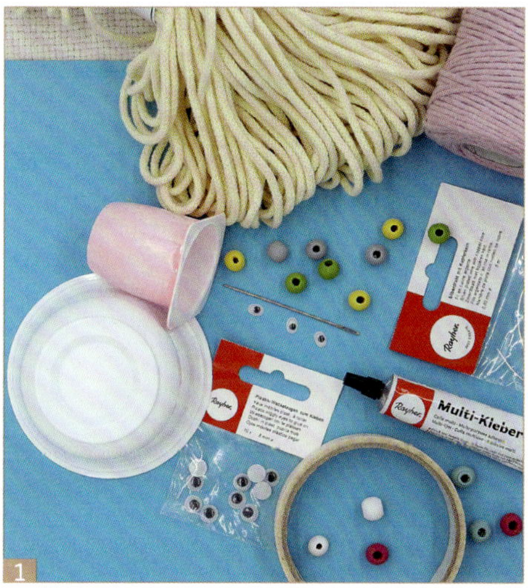

1

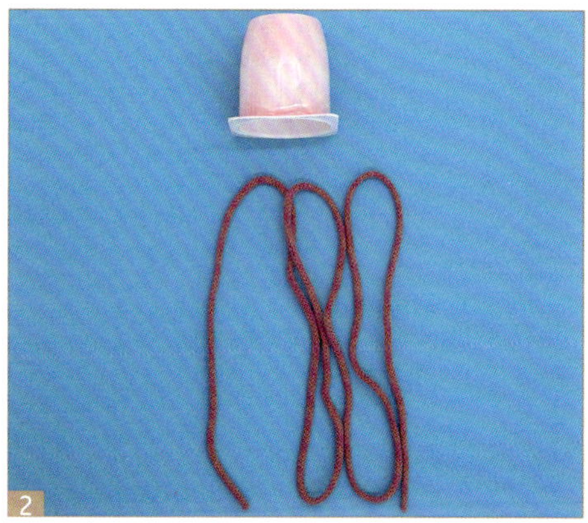
2

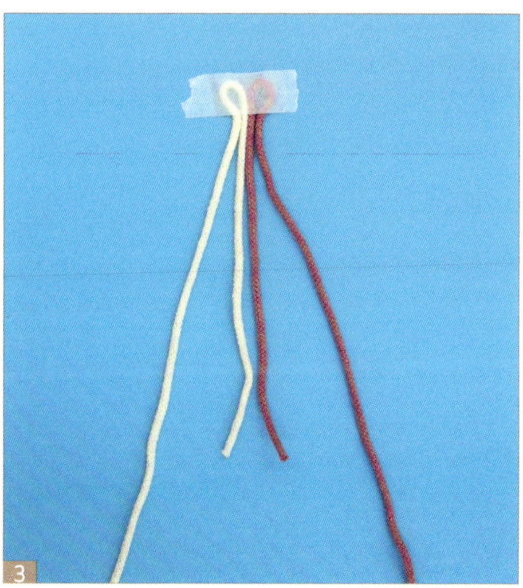
3

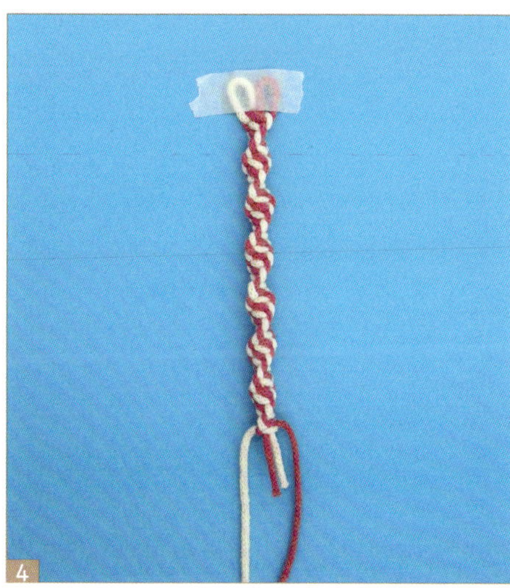
4

5 Tipp: Stecke einen Basteldraht in der Länge der Leitfäden in den zweiten halben Kreuzknoten. Die restlichen halben Kreuzknoten werden um die Leitfäden und den Basteldraht geknotet. So kannst du den Arm später verbiegen und deinen Oktopus aufstellen.

6 Für den Abschluss der Arme gibt es mehrere Möglichkeiten. Entweder schneidest du die Schnüre am Ende auf eine Länge kurz ab (mittlere Variante). Oder du verbindest die vier Schnüre mit einem Wickelknoten (rechte Variante). Die dritte Möglichkeit mit der Perle wird nachfolgend näher gezeigt (linke Variante).

7 Schneide die Leitfäden ganz kurz ab. Befestige an den Enden der Arbeitsfäden etwas Klebeband als Spitze, um die Schnüre leichter durch die Perle auffädeln zu können.

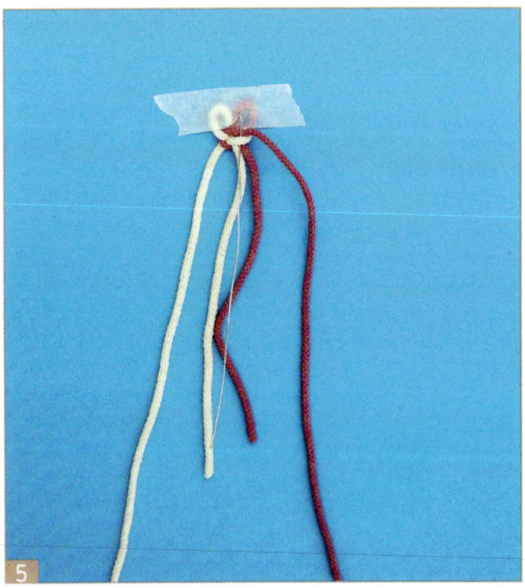
5

6

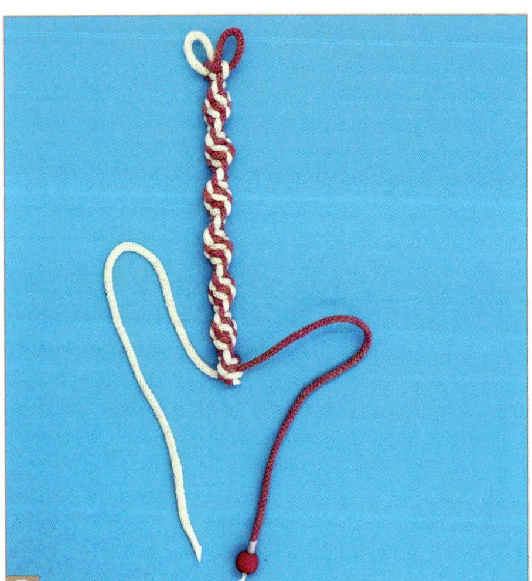
7

8

8 Bestreiche die kurzen Leitfäden und die Ansätze der Arbeitsfäden mit etwas Kleber und fädel die Perle auf. Schneide die überstehenden Schnüre ab.

9 Schneide evtl. die Ränder des Joghurtbechers ab und stich mit der Nadel mittig ein Loch in den Boden des Bechers.

10 Ziehe eine Schnur als Befestigung für den Oktopus durch das Loch des Bechers. Mache einen einfachen Knoten an die innere Seite der Schnur, sodass sie nicht durch das Loch rutschen kann.

11 Befestige die Arme des Oktopusses am inneren Rand des Bechers mit Alleskleber oder Heißkleber in regelmäßigen Abständen.

12 Klebe auf den Becher Wackelaugen und male einen Mund auf. Fertig!

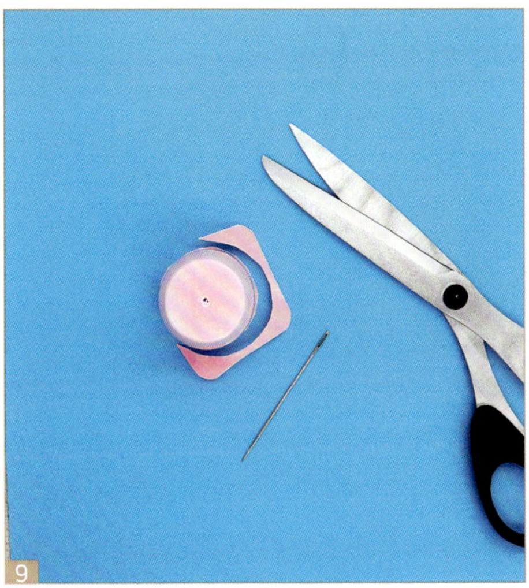
9

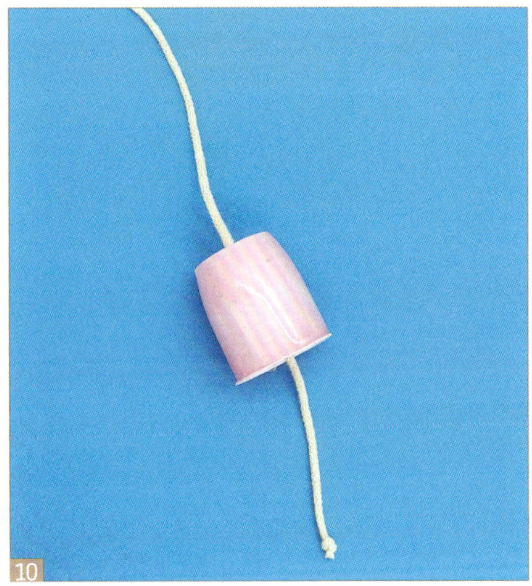
10

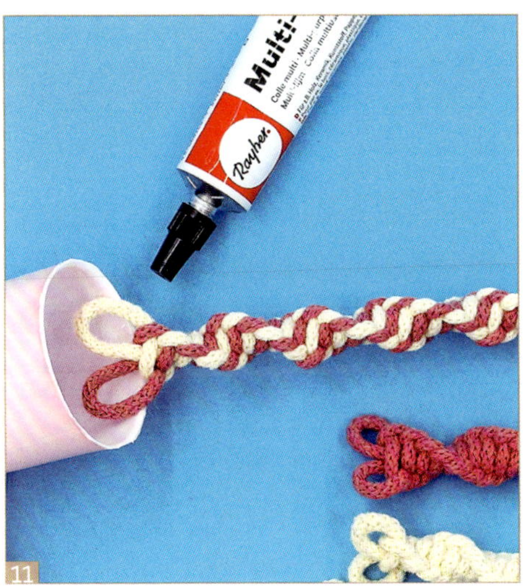

11

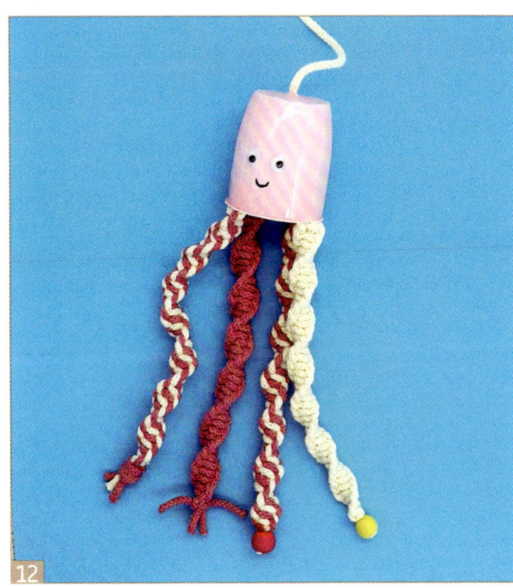
12

Alleskönner

Werkzeug / Materialien

1 Für deinen Alleskönner benötigst du ca. 9 m geflochtenes Garn in Stärke 5–8 mm und eine Schere.
Schneide 2 × 3,20 m, 1 × 2 m und 1 × 50 cm lange Schnüre zurecht.

So wird's gemacht

2 Falte die beiden 3,20 m langen Schnüre jeweils mittig und lege sie aufeinander. Befestige die 2 m lange Schnur, ebenfalls mittig gefaltet, mit dem umgekehrten Lerchenkopfknoten an der Mitte der beiden langen Schnüre.

3 Knote mit der rechten Schnur der 2 m langen Schnur die unteren beiden Schnüre zusammen. Lege die kurze Schnur von oben kommend über die beiden langen Schnüre. Führe die kurze Schnur hinter die beiden langen Schnüre nach oben wieder durch die Schlaufe heraus und ziehe den Knoten fest.

4 Wiederhole diesen Knoten, bis von der kurzen Schnur noch ca. 5 cm übrig sind.

1

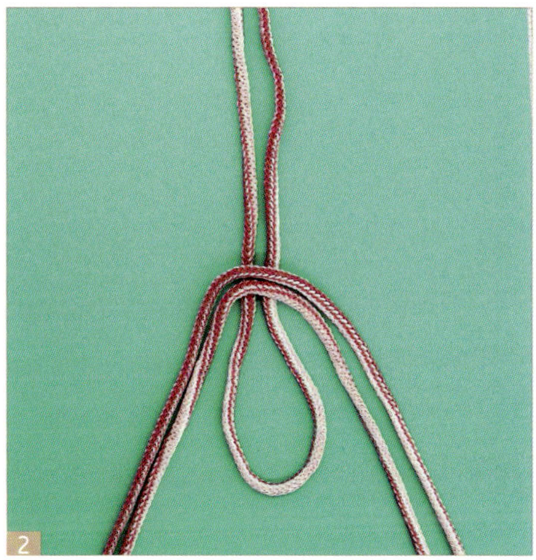
2

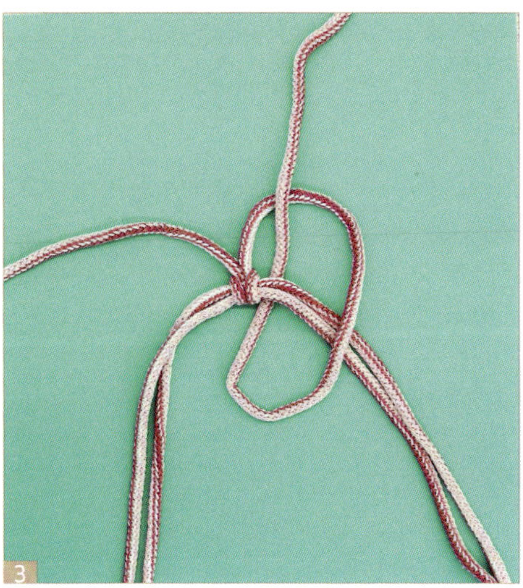
3

4

5 Die Knoten beginnen sich an den langen Schnüren einzudrehen. Richte die Knoten sorgfältig in einer Richtung aus.

6 Wiederhole den Schritt 3–5 nun mit der linken Schnur der 2 m langen Schnur.

7 Lege die beiden geknoteten Enden zu einem Kreis zusammen und fixiere alle Schnüre mit dem Wickelknoten. Dafür benötigst du die 50 cm lange Schnur.

8 Schneide alle Schnüre bis auf die vier langen Schnüre direkt am Wickelknoten ab.

Tipp Verwende eine andere Farbe für die Wickelknotenschnur für einen farblichen Akzent.

9 Klemme den oberen Teil deines Makramees mit den Schnüren nach oben liegend zwischen deine Beine und knote mit den langen Schnüren einen chinesischen Kronenknoten im Spiralmuster. Knote so weit, dass ca. 20 cm der Schnüre für das Ende übrigbleiben.

10 Lege die vier Schnüre zu einer Schlaufe, sodass sie sich einmal überkreuzen.

11 Führe die Enden von unten durch die Schlaufe und ziehe den Knoten direkt im Anschluss an den letzten Knoten fest.

12 Schneide die überstehenden Schnüre ab. Fertig ist dein Alleskönner.

9

10

11

12

Krone

Werkzeug / Materialien

1 Für eine dreifarbige Krone benötigst du ca. 24 m gedrehtes Garn in 3 oder 4 mm Stärke, Textilverstärker, einen Pinsel, etwas Klebeband, eine Bürste und eine glatte Unterlage bzw. Backpapier.

So wird's gemacht

2 Schneide eine 1,30 m lange Schnur für die Befestigung der Krone in deiner Wunschfarbe zu. Befestige sie an den Seiten mit Klebeband auf einem festen Untergrund und markiere den Mittelpunkt der Schnur mit z.B. einem Pinsel.

3 Schneide 44 Schnüre von je 55 cm Länge zu. Soll deine Krone bunt werden, dann benötigst du für die erste Spitze der Krone 9 Schnüre in einer Farbe. Für die zweite Spitze 8 Schnüre in einer anderen Farbe. Für die dritte, große Spitze 10 Schnüre in einer dritten Farbe. Die vierte Spitze benötigt 8 Schnüre in der zweiten Farbe und die fünfte Spitze 9 Schnüre in der ersten Farbe. Befestige in der Mitte der langen Schnur eine 55 cm lange Schnur in der Farbe der großen mittleren Spitze mit einem Lerchenkopfknoten, und von da aus rechts und links die restlichen Schnüre.

4 Verbinde die Schnüre in der ersten Reihe mit einem Kreuzknoten.

1

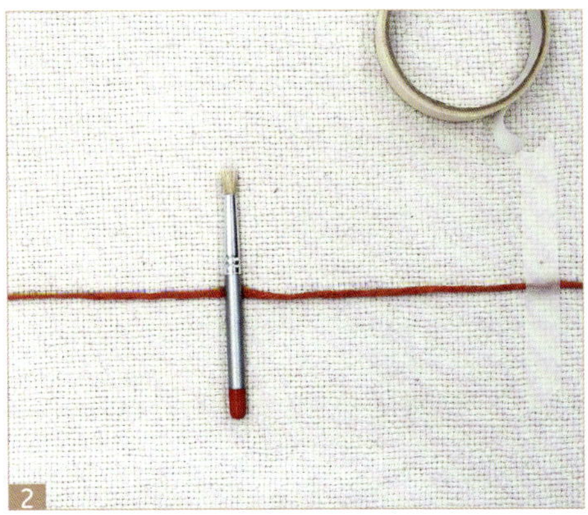

2

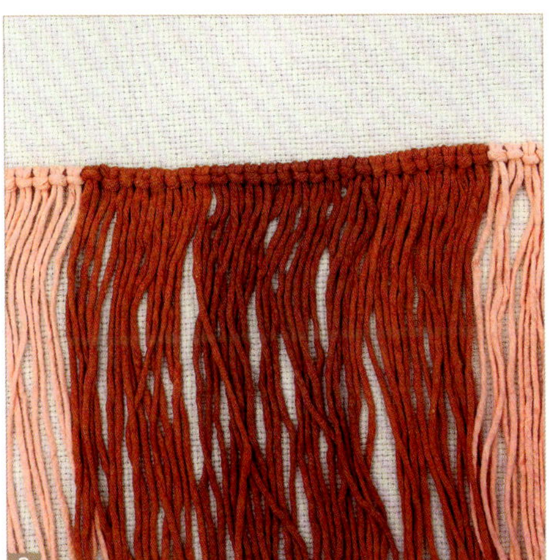

3

4

5 Nun knote die einzelnen Spitzen der Krone. Beginne mit einer äußeren Spitze. Lege in der zweiten Reihe die ersten beiden Schnüre beiseite und knote 4 versetzte Kreuzknoten nebeneinander.

6 Lege in der dritten Reihe wieder jeweils die zwei äußeren Schnüre beiseite und knote versetzt 3 Kreuzknoten nebeneinander.

7 In der vierten Reihe knote zwei versetzte Kreuzknoten und in der letzten Reihe nur einen.

8 Wiederhole die Schritte 5 bis 7 mit den anderen vier Spitzen der Krone. Achtung! Die mittlere große Spitze besteht aus 6 Reihen.

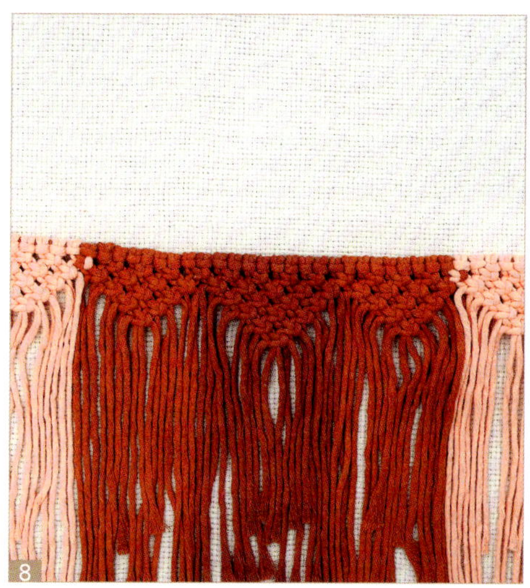

9 Schneide die überstehenden Schnüre im Abstand von ca. 8–10 cm Abstand von den Spitzen ab.

10 Kämme die Schnüre mit einer Bürste aus und bestreiche sie mit Textilverstärker.

11 Nachdem das Garn getrocknet ist, zeichne in 3 cm Abstand von den Spitzen Hilfspunkte ein. Schneide dann die Zacken der Krone von einem Hilfspunkt zum anderen nach.

12 Bestreiche die Rückseite der Krone mit Textilverstärker. Binde an den Enden der langen Schnur jeweils einen einfachen Knoten, damit das Garn nicht ausfranst.

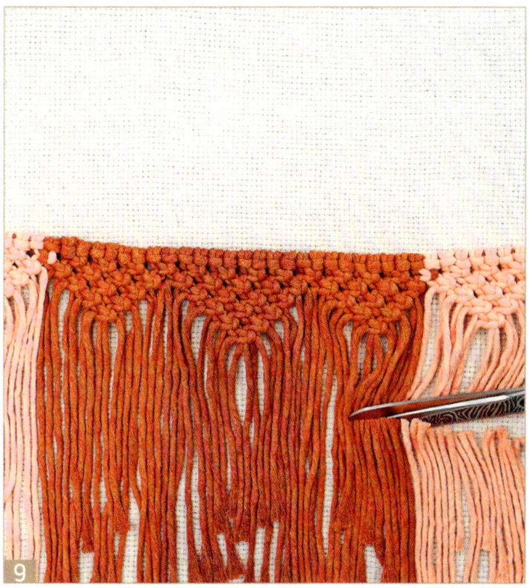

Sonnenfänger

Werkzeug / Materialien

1 Für den Sonnenfänger benötigst du geflochtenes Garn in 2 oder 3 mm Stärke und in 1 bis 1,5 mm Stärke, einen Metall- oder Holzring in der Größe deiner Wahl (dieser Ring ist 10 cm groß), einen Kristall mit einem Loch, etwas Klebeband und eine Schere.

1

So wird's gemacht

2 Messe den Umfang deines Ringes mit dem dickeren Garn ab. Schneide das Garn in der 12-fachen Länge des Umfangs ab.

3 Wickel die Schnur zusammen, um leichter knoten zu können. Lege ca. 10 cm der Schnur auf den Ring, das kurze Schnurende zeigt nach außen. Falte das längere Schnurende hinter den Ring nach unten und komme damit auf der linken Seite der vorderen Schnur heraus. Lege die aufgewickelte Schnur nach rechts über die kurze Schnur.

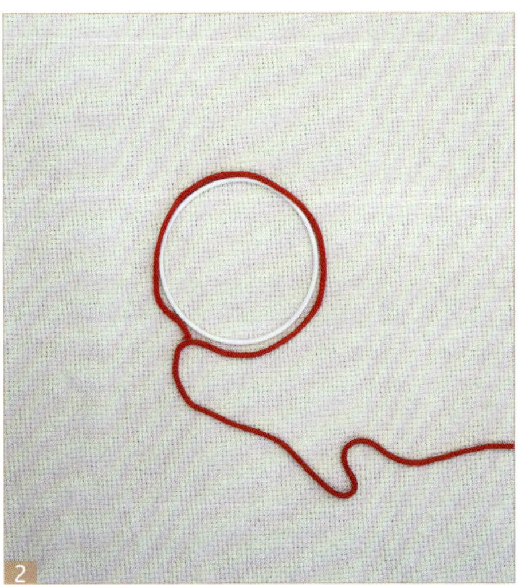

2

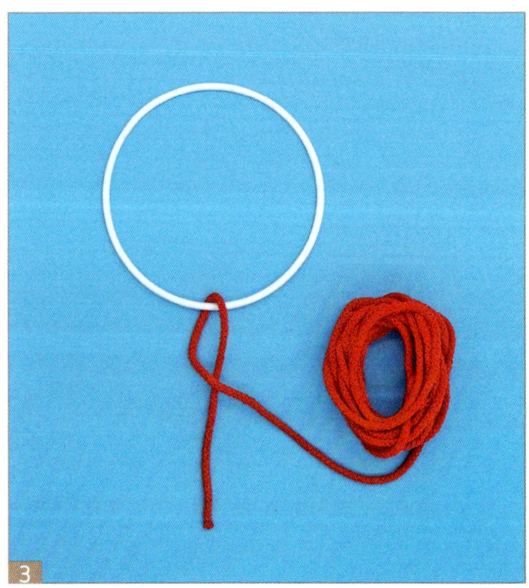

3

4 Führe die aufgewickelte Schnur unter den Ring von außen nach innen hindurch. Falte sie über den Ringen nach unten durch die Schlaufe wieder zurück und ziehe den Knoten fest.

5 Lass ca. 3 cm Schnur als Abstand und fahre mit dem erweiterten Lerchenkopfknoten fort.

> **Tipp** Klebe die Abstandsschnur mit Klebeband fest. So gelingt dir der nächste Knoten viel leichter.

6 Sobald der zweite Knoten fertig ist, schiebe ihn nah an den ersten Knoten dran. So entsteht das äußere Schlaufenmuster.

7 Fahre mit dem erweiterten Lerchenkopfknoten bis zum Ende des Ringes fort und lass zwischen den Knoten unterschiedlich großen Abstand.

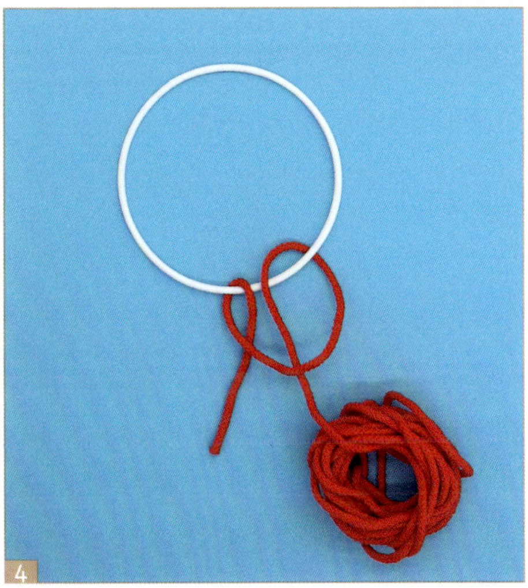
4

5

6

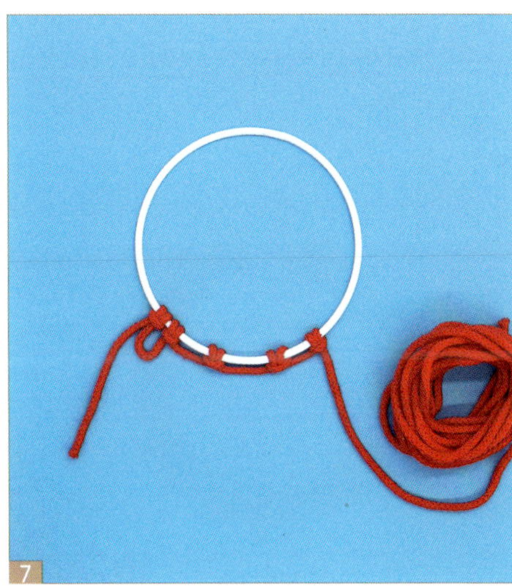
7

8 Verbinde die beiden Schnurenden auf der Rückseite mit einem Doppelknoten und schneide die überstehenden Schnüre ab.

9 Für die Aufhängung deines Kristalls benötigst du das dünne Garn. Platziere den Kristall an die gewünschte Position im Ring. Messe den Abstand vom Kristall bis zur oberen Aufhängung mit dem dünnen Garn ab und falte es doppelt, bevor du es zuschneidest.

10 Befestige die Schnur, nachfolgend Leitfaden genannt, mit einem Lerchenkopfknoten am Kristall. Platziere den Kristall an die gewünschte Position und klebe die dünne Schnur in Höhe des Ringes an einem Klebestreifen fest.

11 Entferne den Ring und schneide eine weitere Schnur, den Arbeitsfaden, aus dem dünnen Garn zu. Messe die Länge der Schnur ab: Sie ist 8-mal so lang wie die Schnur, die am Kristall befestigt ist.

8

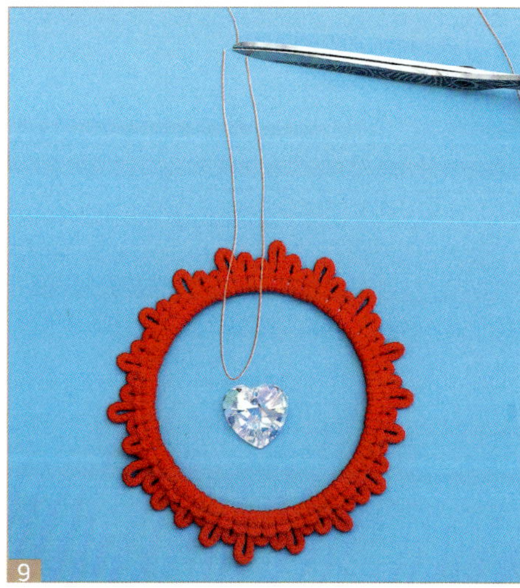
9

10

11

12 Lege den Arbeitsfaden mittig unter die Leitfäden und beginne mit einem Kreuzknoten. Knote diesen bis zum Klebestreifen.

13 Löse die Schnüre vom Klebestreifen und lege den Kristall mit den Schnüren unter den Ring. Lege die Leitfäden über den Ring und die Arbeitsfäden unter den Ring. Fahre mit dem Kreuzknoten bis zum Ende weiter fort.

14 Schneide am Ende die Leitfäden kurz nach dem letzten Knoten ab. Binde die Arbeitsfäden mit etwas Abstand mit einem Doppelknoten zusammen und kürze die abstehenden Schnüre.

15 Fertig ist dein Sonnenfänger.

12

13

14

15

Bilderrahmen

Werkzeug/Materialien

1 Für den Bilderrahmen benötigst du geflochtenes Garn in 2, 3 oder 4 mm Stärke, zwei Trägerelemente wie z.B. Rundhölzer oder Äste, 8 Perlen, zwei Wäscheklammern und eine Schere.

So wird's gemacht

2 Lege die Trägerelemente im gewünschten Abstand untereinander hin. Schneide zwei Schnüre, die Leitfäden, zu. Ihr Länge ist 2-mal so lang wie der Abstand der Trägerelemente plus 10 cm.

3 Falte die Leitfäden in der Mitte und befestige sie mit dem Lerchenkopfknoten am oberen Trägerelement.

1

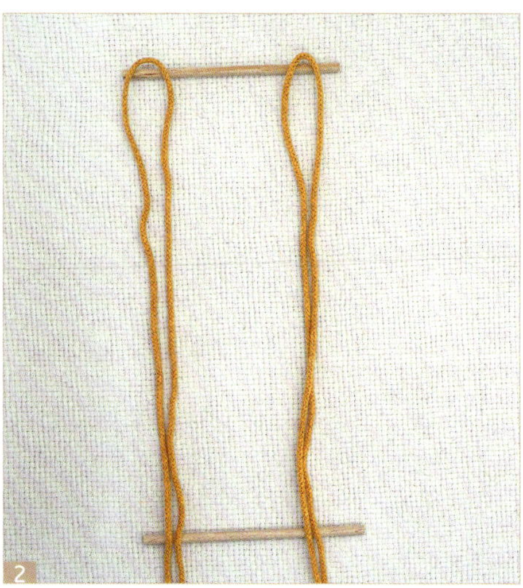

2

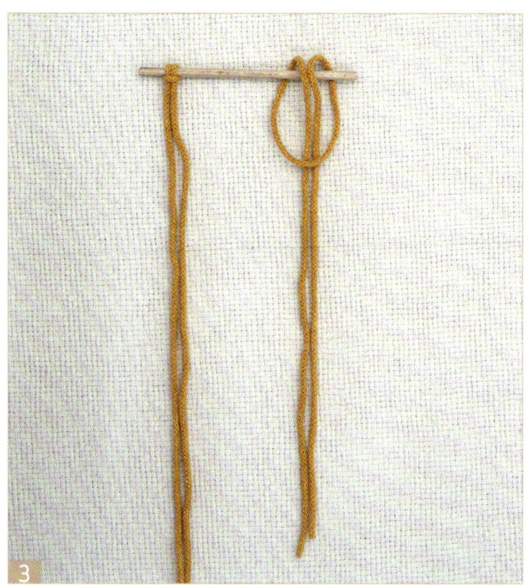

3

4 Schneide zwei weitere Schnüre, die Arbeitsfäden, zu. Sie sind 8-mal so lang wie die Leitfäden.

5 Falte die Arbeitsschnüre in der Mitte. Lege sie jeweils unter die Leitfäden und befestige sie mit dem Kreuzknoten.

6 Fahre mit den Kreuzknoten bis zur Höhe des zweiten Trägerelementes fort.

7 Lege die Leitfäden über das zweite Trägerelement und die Arbeitsfäden unter dieses, und fixiere es mit einem Kreuzknoten.

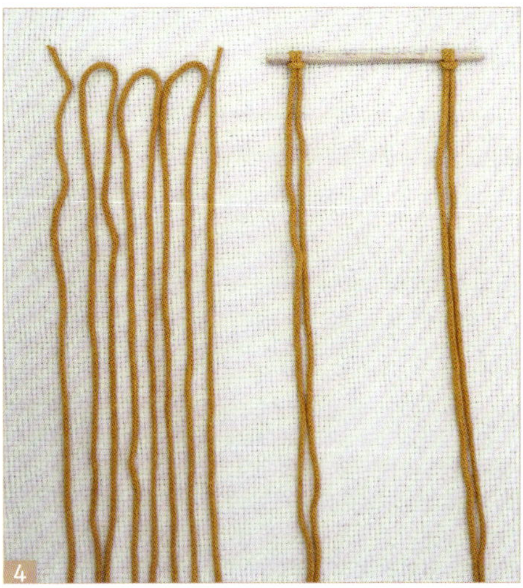
4

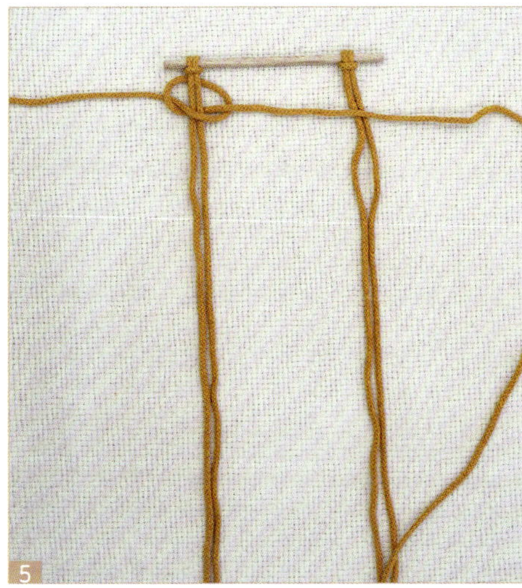
5

6

7

8 Befestige eine weitere Schnur, die 2-mal so lang ist wie der Abstand der Trägerelemente, mit einem doppelten Knoten am oberen Trägerelement.

9 Fädele vier Perlen auf die Schnur und schließe unter den letzten Perlen mit einem einfachen Knoten ab.

10 Fädele vier weitere Perlen auf die Schnur. Halte die Schnur straff und binde sie am unteren Trägerelement mit einem Doppelknoten fest. Schiebe die letzten vier Perlen nach unten.

11 Fülle die Zwischenräume am unteren Trägerelement mit weiteren Schnüren der gleichen Länge. Schneide die Schnüre mithilfe von passend geklebten Klebestreifen zu einer Spitze zu.

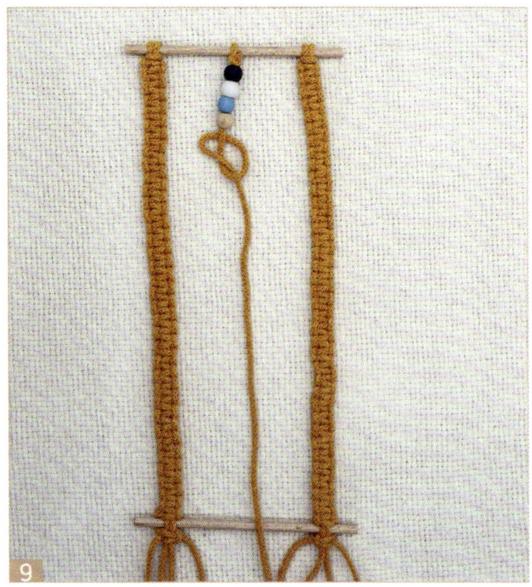

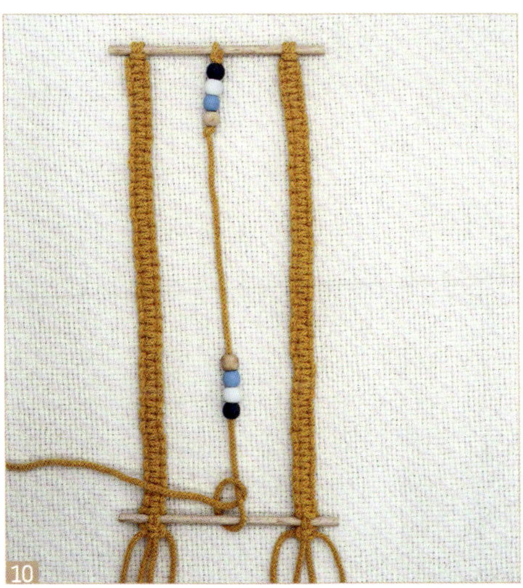

12 Messe für die Aufhängung des Rahmens eine Schnur ab, die in ihrer Länge die untere Spitze umrundet, plus rechts und links jeweils 10 cm.

13 Markiere die Umrundung mit Klebestreifen an der Schnur.

14 Befestige nun die Aufhängung am oberen Trägerelement mit dem erweiterten Lerchenkopfknoten.

15 Binde die abstehenden Schnüre mit einem Doppelknoten an der Aufhängung an und schneide den überstehenden Rest ab.

16 Befestige dein Bild mittig mit den Wäscheklammern an den Kreuzknotenrahmen.

12

13

14

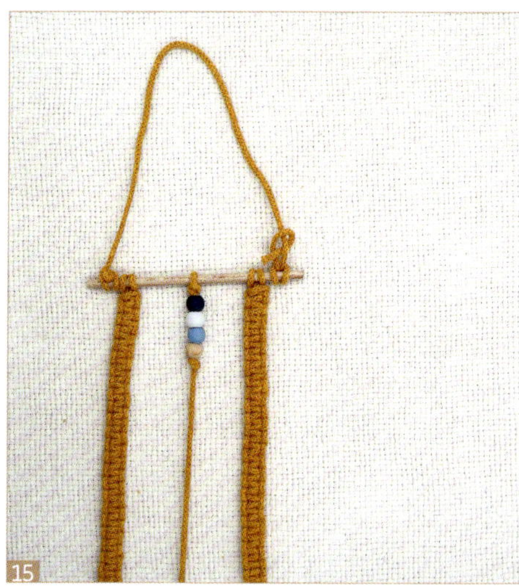
15

MAGIC is WHAT
HAPPENS WHEN
YOU LET IT.
16

Stiftebecher mit Fransen

Werkzeug/Materialien

1 Für den Stiftebecher benötigst du ein leeres, saubere (Alt)Gas, 3-fach gedrehtes buntes Garn in Särke von 3 bis 9 mm, einfach gedrehtes oder gezwirntes buntes Garn in 2, 3 oder 4 mm Stärke, Perlen, einen Heißkleber, einen Kamm oder eine Bürste, etwas Klebeband und eine feste Unterlage.

1

So wird's gemacht

2 Fixiere das 3-fach gedrehte Garn um das Glas mit Heißkleber.

3 Schneide eine Schnur, den Leitfaden, zu, in einer Länge des breitesten Umfangs des Glases plus 20 cm.

4 Befestige die Schnur auf einer festen Unterlage mit etwas Klebeband und fädele die erste Perle drauf.

5 Schneide für die Quasten das gedrehte Garn in Wunschlänge zu. Die Mindestlänge sollte 10 cm nicht unterschreiten, sonst wird das Knoten schwierig.

6 Die Anzahl der Schnüre für die Tassel hängt davon ab, welche Garnstärke du verwendest. Wie abgebildet benötigst du bei 3 mm dickem Garn 4 Schnüre für. Kämme die Schnüre komplett aus. Damit sie nicht auseinanderfallen, kämme zuerst eine Hälfte aus und halte die an-

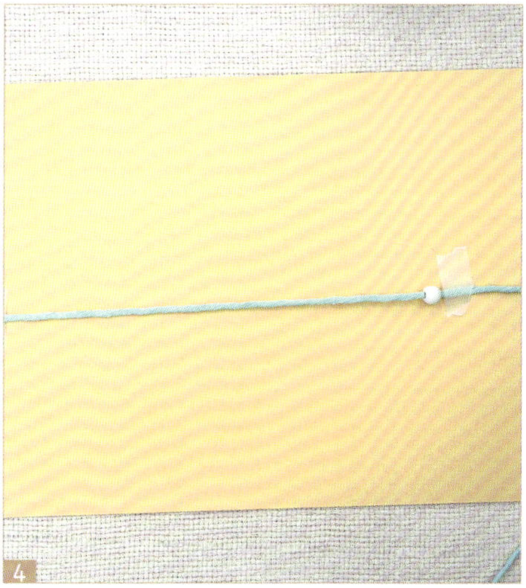

deren mit der Hand gut fest. Danach die andere Hälfte auskämmen.

7 Lege die ausgekämmten Schnüre mittig unter den Leitfaden und falte die obere Hälfte über den Leitfaden nach unten auf die andere Hälfte.

8 Schneide eine ca. 25 cm lange Schnur zu. Verbinde die ausgekämmten Schnüre zu einer Tassel mit dem Wickelknoten. Schneide die obere Schnur des Wickelknotens kurz ab und kämme die untere Schnur aus.

9 Wiederhole die Schritte 5 bis 9 für weitere Tasseln. Befestige so viele Tasseln und Perlen am Leitfaden, bis der Umfang des Behälters ausgefüllt ist.

Tipp Leichte Variante: Wickle die Schnur mehrmals um die Tassel und fixiere sie mit einem Doppelknoten.

6

7

8

9

10 Binde den Leitfaden an der gewünschten Stelle am Behälter mit einem Doppelknoten fest. Schneide die überstehenden Schnüre ab.

11 Richte die Tasseln und Perlen gleichmäßig um den Behälter aus.

12 Schneide die Tasseln auf die gewünschte Länge zu.

13 Fertig ist dein Behälter für Stifte, Blumen oder andere tolle Sachen.

10

11

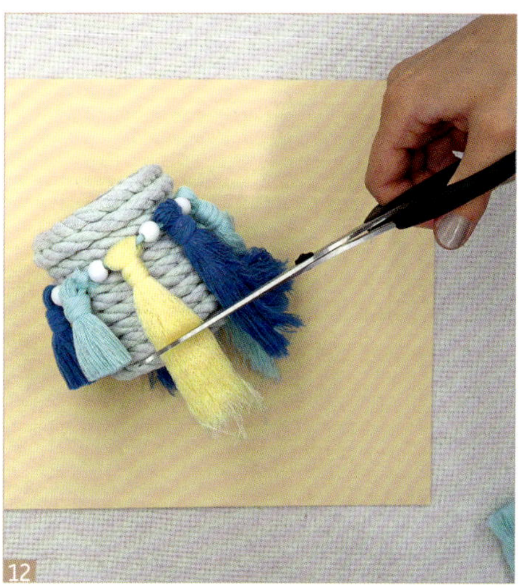

12

13

Traumfänger

Werkzeug / Materialien

1 Für die kunterbunten Traumfänger benötigst du einen Pappteller (oft sind bei gebrauchten Tellern die Ränder noch sehr sauber und eignen sich hervorragend hierfür), gedrehtes, gezwirntes oder geflochtenes Garn in 2 oder 3 mm Stärke in der Farbe deiner Wahl, einen 2 m langen dünnen Faden oder 0,5 mm dickes Garn, bunte Stifte, Pailletten, Federn, Glitzer etc., eine Schere, einen Korkuntersetzer, zwei Stecknadeln und eine Nähnadel.

So wird's gemacht

2 Schneide einen Kreis im Pappteller aus, sodass ein ca. 3 cm breiter Rand stehenbleibt. Den mittleren Teil des Tellers kannst du für ein anderes Projekt verwenden oder entsorgen.

3 Bemale und beklebe den Papptellerrand ganz nach deiner Fantasie.

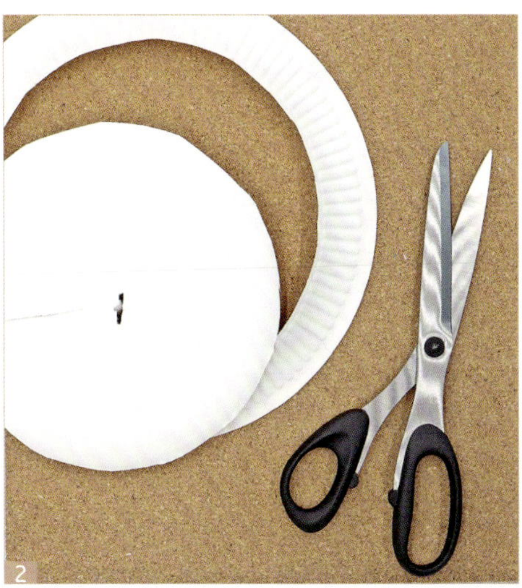

4 Befestige ihn nun am Korkuntersetzer mit den Stecknadeln und steche unten in den Pappteller zwei kleine Löcher im Abstand von ca. 1 cm vom Rand entfernt hinein.

5 Überlege dir jetzt, wie lang die längste Schnur am Traumfänger sein soll. Lege die gewünschte Länge mit dem Garn nach und messe noch 6-mal diese Länge der Schnur, dort scheidest du die Schnur ab.

6 Befestige die gefaltete Schnur mit dem Lerchenkopfknoten durch das linke Loch am Papptellerrand.

7 Falte die Schnur so, dass eine Seite die gewünschte Länge aus Schritt 5 misst und die andere Seite 6x so lang ist. Befestige sie mit dem Lerchenkopfknoten durch das linke Loch am Papptellerrand. Achte dabei darauf, dass die kurze Schnur auf der linken Seite liegt.

4

5

6

7

8 Dieses Mal liegt die kurze gefaltete Schnur auf der linken Seite.

9 Nun kannst du mit einem halben Kreuzknoten oder einem normalen Kreuzknoten fortfahren. Hier zeige ich dir die Variante mit dem halben Kreuzknoten.

10 Am Ende angelangt, schneide die vier Schnüre auf eine Länge ab.

11 Fädle eine 0,5 mm dünne und 2 m lange Schnur auf eine Nähnadel auf. Stich von der Rückseite des Traumfängers mit der Nadel durch und fixiere die Schnur mit dem Doppelknoten am Ende.

8

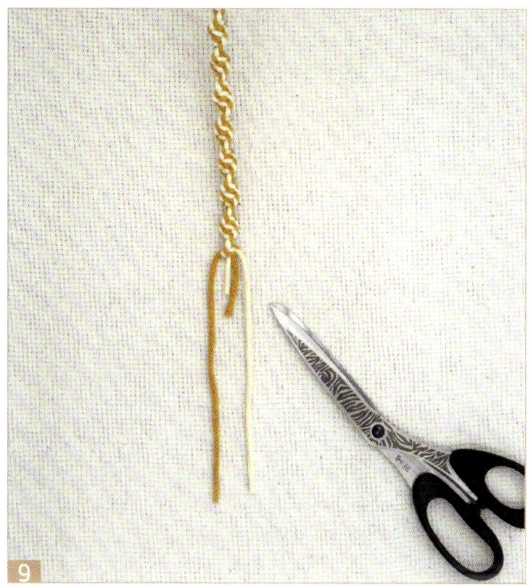

9

10

11

12 Gestalte nun das Netzmuster im Inneren des Traumfängers mit Schnur. Vernähe den Faden kreuz und quer im Traumfänger. Befestige das Ende der Schnur ebenfalls mit einem Doppelknoten, damit sich der Faden nicht vom Pappteller löst.

13 So sieht der Traumfänger noch etwas kahl aus.

14 Füge noch viele weitere Schnüre hinzu, die herunterhängen. Du kannst den Kreuzknoten unterbrechen und z. B. eine Holzperle auf die Leitfäden auffädeln.

15 Fahre mit dem Kreuzknoten danach normal weiter fort .

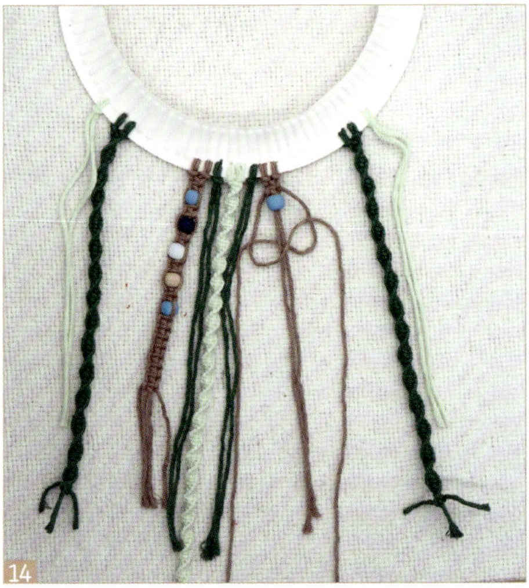

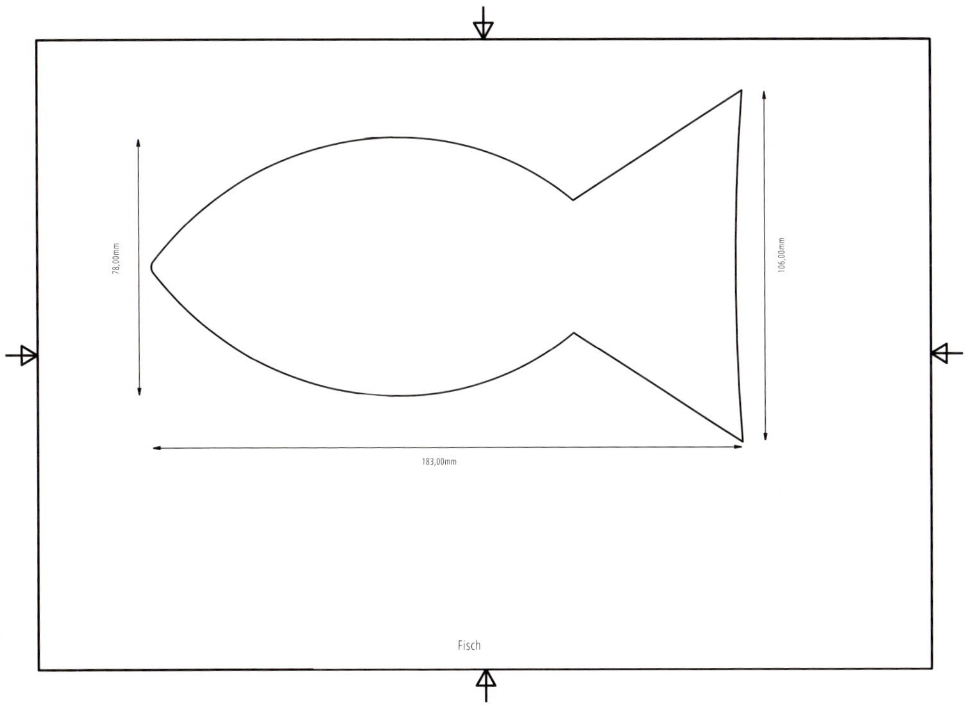
78,00mm
106,00mm
183,00mm
Fisch

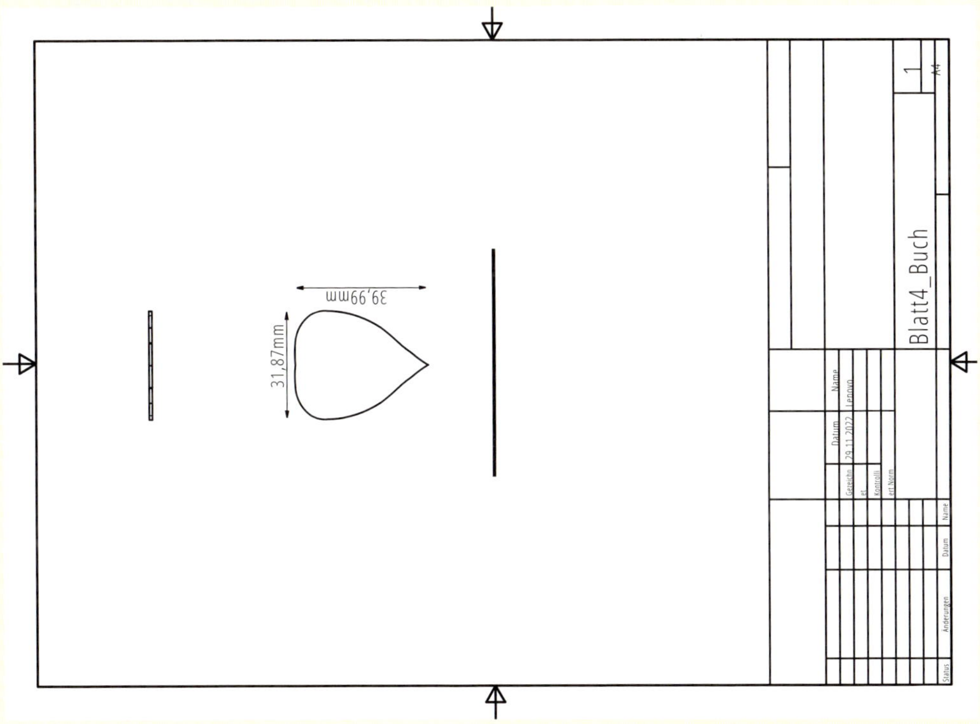
39,99mm
31,87mm
Blatt4_Buch
1
A4
Datum
Name
Status
Änderungen

Sponsoren und Mitwirkende

Garn (Sponsor)
Mona Adler von
https://www.makramona.de/

Makramee Equipment (Sponsor)
(Garnabroller, Schere, Messlatte, Einfädler)

Nicole Hellstern von
https://brightstarsdesign.de/

Zusatzmaterial (Sponsor)
Bastelshop Rayher
www.rayher.com

Workshop-Fotos
Johann Hertel von
https://www.johannhertel.de/

Maskottchen-Zeichnungen
Julia Mertens

Dank

Ich bedanke mich an erster Stelle bei allen Kindern, die die Welt mit bunter Leichtigkeit und Fantasie erfüllen. Ihr, vor allem meine eigenen beiden Kinder, seid mir die größten Vorbilder in der Kreativität und im Leben. Ich habe (wieder) gelernt, den wildesten und scheinbar unmöglichsten Ideen Raum zu geben und einfach mal umzusetzen. Was daraus entsteht, seht ihr zum einen Teil hier im Buch und den anderen Teil teile ich täglich auf Instagram auf meinem Profil gluecklich_verknotet mit euch.

Ein großes Dankeschön geht an meinen talentierten Ehemann, der den technischen Part meiner Ideen mit viel Geduld umsetzt und ein toller Vater für unsere Kinder ist.

Ebenso bedanke ich mich bei meinen besten Freundinnen, Bille, Kerstin, Nora und Marina. Sie sind immer bedingungslos für mich da. Jede von ihnen ist wundervoll auf ihre Art und Weise.

Danke an die Sponsoren Makramona für das Garn, Brightstarsdesign für das ausgeklügelte Equipment und Rayher für alle Zusatzmaterialien, die ich im Buch verwendet habe.

Unendlich dankbar bin ich über die Zusammenarbeit mit Julia Mertens der talentierten Zeichnerin des Maskottchens Bee und Johann Hertel dem geduldigsten Fotografen mit dem schönsten Blick auf Menschen durch seine Kamera.

Last, but not least danke ich meiner gigantisch tollen Community und allen Kund:innen, die mich mit Rat und Tat unterstützen, wertschätzende Worte für mich haben und mit Begeisterung meine kreativen Produkte annehmen.

Ich freue mich auf alles, was das Leben für mich bereit hält.

Die Autorin

Katharina Eirich ist 33 Jahre alt, Projektleiterin in der Abfallbranche, Mutter von 2 Kleinkindern, die ihre größten Lehrmeister im Leben sind, und leidenschaftliche Makrameekünstlerin. Während der Elternzeit 2021 folgte sie ihrer Berufung, patentierte eine Idee und gründete ein Kreativbusiness unter dem Namen »glücklich verknotet«. Damit möchte sie Kinder und Erwachsene für die uralte Knotenkunst begeistern.

Impressum

Autorin: Katharina Eirich
Fotos & Styling: Katharina Eirich
Produktmanagement: Johanna von Pechmann
Lektorat: Dr. Brigitte Schnock
Korrektorat: Mareike Weber
Umschlaggestaltung: Regina Degenkolbe
Layout und Satz: satz & repro Grieb, München
Repro: LUDWIG:media
Herstellung: Julia Hegele
Printed in Türkiye by Elma Basim

★★★★★

Sind Sie mit diesem Titel zufrieden? Dann würden wir uns über Ihre Weiterempfehlung freuen. Erzählen Sie es im Freundeskreis, berichten Sie Ihrem Buchhändler oder bewerten Sie bei Onlinekauf. Und wenn Sie Kritik, Korrekturen, Aktualisierungen haben, freuen wir uns über Ihre Nachricht an:
Christophorus Verlag, Postfach 40 02 09, D-80702 München oder per E-Mail an lektorat@verlagshaus.de.

Unser komplettes Programm finden Sie unter

www.christophorus-verlag.de

 In diesem Buch wird aus Gründen der besseren Lesbarkeit das generische Maskulinum verwendet. Weibliche und anderweitige Geschlechteridentitäten werden dabei ausdrücklich mitgemeint, soweit es für die Aussage erforderlich ist.

Die Deutsche Nationalbibliothek verzeichnet diese Publikation in der Deutschen Nationalbibliografie; detaillierte bibliografische Daten sind im Internet über https://www.dnb.de/ abrufbar.

ISBN 978-3-8411-0291-1

Kreativ-Service

Sie haben Fragen zu den Büchern und Materialien? Frau Erika Noll ist für Sie da und berät Sie rund um alle Kreativthemen. Rufen Sie an! Wir interessieren uns auch für Ihre eigenen Ideen und Anregungen. Sie erreichen uns per E-Mail:kreativ-service@c-verlag.de oder unter der Telefonnummer 0049 (0) 89 13 06 99-577.

Besuchen Sie uns im Internet: www.christophorus-verlag.de & www.selbstgemacht.de